Daniel Robbel | Horst

111 Orte im Westerwald, die man gesehen haben muss

111

emons:

Für Cathrin und Katja

Bibliografische Information der Deutschen Nationalbibliothek
Die Deutsche Nationalbibliothek verzeichnet diese Publikation in der Deutschen Nationalbibliografie; detaillierte bibliografische Daten sind im Internet über http://dnb.d-nb.de abrufbar.

MIX
Papier aus verantwortungsvollen Quellen
FSC® C043106

Gestaltung: Eva Kraskes, nach einem
Konzept von Lübbeke | Naumann | Thoben
Kartografie: altancicek.design, www.altancicek.de
Kartenbasisinformationen aus Openstreetmap,

Druck und Bindung: Grafisches Centrum Cuno, Calbe
Printed in Germany 2022
ISBN 978-3-7408-1229-4

Vorwort

Der Westerwald. Ist das nicht dieser Landstrich, in dem vor lauter Wald die Bäume nicht sichtbar sind und sich nur Fuchs und Hase gute Nacht sagen, weil die anderen Bewohner viel zu grimmig sind? So ein Quatsch! Der Westerwald liegt im Herzen Europas, ist ziemlich weltoffen und hat einen besonderen Menschenschlag hervorgebracht: herzlich, kreativ, manchmal kauzig, aber immer randvoll mit Stolz auf diese besondere Region zwischen Rhein und Dill, Sieg und Lahn. Und der Westerwald hat reichlich mehr zu bieten als die Hochglanzbroschüren mit ihren Premiumwanderwegen. Klar, die sind auch schön. Aber die richtigen Schätzchen, die kleinen Hingucker mit großen Geschichten, verbergen sich meist in den gefühlt Tausenden von Dörfern, die sich malerisch in die Landschaft schmiegen. Neben touristischen Hotspots wie dem Druidenstein oder der Abtei Marienstatt lauern die schönsten Storys abseits der »Touri-Routen«.

Ein Trip durch den Westerwald ist immer eine Reise durch die spannendsten Epochen der Geschichte. Schnaufende Dampfloks transportierten hier einst Mensch und Material, berühmt-berüchtigte Räuber machten jede Reise zum gewagten Abenteuer, und die Promis der jeweiligen Zeit gaben sich die Klinke in die Hand, seien es Friedrich Wilhelm Raiffeisen, Konrad Adenauer oder eher schrullige B-Promis wie Fernsehkoch Clemens Wilmenrod. Der Westerwald lehrt Fakten und schärft gleichzeitig den Sinn für Kultig-Kurioses. Ob es nun Orte mit schier unglaublichen Geschichten, malerischen Landschaften, düsteren Legenden, liebenswerten Menschen oder dem alltäglichen Wahnsinn sind – der Westerwald bietet dabei ein stets reizvolles Potpourri aus Spannung und Humor. Dieses Buch möchte zu einer Reise durch eine pittoreske und sagenumwobene Landschaft einladen, bei der auch originale »Wäller« und eingefleischte Westerwald-Fans auf ihre Kosten kommen.

111 Orte

1 Der alte Flugplatz

Wo der Bundespräsident Gedichte schrieb

Ein Sonntagnachmittag am Flugplatz in Ailertchen ist entspannend. Leise surrt das Motorflugzeug, und lautlos gleitet der Segler in luftiger Höhe. Flugbegeisterte können dort, beim Flugsportverein »Glück Auf« Ailertchen e.V., den Flugschein machen oder sich mit einem Fallschirm auf dem Rücken vom Himmel stürzen. Dass der Verein seinen Beinamen »Glück Auf« trägt, ist der Bergbautradition geschuldet. 1956 startete dort die Werkfliegergruppe der Erzbergbau Siegerland, und nach Schließung der Zechen behielt man den Namen bei.

So friedlich ging es hier nicht immer zu. Schon 1939 fertiggestellt, diente der Sonderflugplatz Ailertchen im Zweiten Weltkrieg ab 1944 als Basis eines Nachtjagdgeschwaders. Die dort stationierten Piloten steuerten ihre Jäger in den düsteren Himmel, um alliierte Bomber abzufangen. Einer dieser Männer war Major Martin Drewes, Fliegerass und Ritterkreuzträger. Stets an seiner Seite: sein Adjutant Oberleutnant Walter Scheel, der spätere Bundespräsident. Die beiden verband eine tiefe Freundschaft. Entsprechend bestürzt war Scheel, als ihn die Kunde vom Absturz Drewes' erreichte. Im Kampfeinsatz hatte Drewes mit seiner »schrägen Musik«, so der Pilotenjargon für schräg-vertikal angebrachte Maschinengewehre, versehentlich die Bombenlast eines feindlichen Flugzeuges getroffen. Die Explosion beschädigte die nahe Maschine des Majors, sie zerschellte in einem Obstfeld bei Haiger.

Traurig widmete Scheel seinem Freund ein Gedicht, in dessen Schlussvers der Adjutant ein letztes Mal die »Hand zum Mützenrand« erhob und so geschickt den eigentlich verpflichtenden Hitlergruß umging. Doch: Drewes schaffte es aus dem Wrack – er überlebte schwer verletzt. Scheel empfing den Genesenen mit einem humorvollen Geschenk. Eine neue Mütze gab es von ihm, schließlich war die alte verbrannt. Ihre Freundschaft währte noch viele Jahre lang: Drewes wurde 94, Scheel 97 Jahre alt.

Adresse Flughafenstraße 28, 56459 Ailertchen | ÖPNV mehrfach täglich Busverbindungen von Westerburg Bahnhof nach Ailertchen | Anfahrt auf der B255 von Herborn nach Montabaur, dort auf die Flughafenstraße | Tipp Ganz in der Nähe bietet der kultige Imbiss »Brummi Grill« seine deftigen Speisen an – nicht nur für Fernfahrer lohnt sich der Stopp in der Hauptstraße von Ailertchen.

2 Der Ortsteil Dieperzen

Das Dorf, das keiner wollte

Rheinland-Pfalz weist eine Besonderheit auf, wenn es um seine Dörfer geht: Auch wenn die Einwohnerzahl noch so mickrig ist, bleiben sie eigenständige Gemeinden. Selbst das noch so kleinste Örtchen verwaltet sich selbst. Die Herausforderung: Die Kleinstörtchen gelten als der Inbegriff klammer Kassen. Um finanzielle Probleme zu lösen, gibt es das potente Mittel der Eingemeindung. Ein einzelnes Dorf wird Stadtteil der nächstgrößeren Gemeinde und fortan auch von dort verwaltet.

Das Westerwaldörtchen Dieperzen war seiner Zeit voraus und Vorreiter im Eingemeindungsbestreben. Die seinerzeit 73 Einwohner suchten schon 1905 dringend Anschluss, und – Achtung: Spoiler-Alarm! – das hat auch funktioniert. Aber erst 74 Jahre später. Die Eingemeindung wurde somit vom Verwaltungsakt zum Generationenprojekt. Doch zurück zum Anfang des behördlichen Hickhacks. 1905 wollten sich die Dorfbewohner erfolglos mit Bachenberg vereinigen, um eine gemeinsame Schule zu bauen. Im Jahre 1930 hatte man dann Busenhausen im Visier. Die Vereinigungspläne verliefen im Sande. 1957 wurde laut darüber nachgedacht, sich Altenkirchen anzuschließen, doch der Gemeinderat Dieperzens wurde sich nicht einig. Altenkirchen blieb der »Place to be« und war auch 1961 Gegenstand der Debatte.

Das Resultat: Immerhin wurden Dieperzer Schüler in Altenkirchen eingeschult. Der entscheidende Impuls kam aus Altenkirchen. Die Stadt übernahm den Hof Honneroth, ein Gut auf Dieperzer Gebiet. So wurde das Thema (mal wieder) aktuell. Absolute Überzeugungskraft brachte das Land mit ein: Die Landesregierung bot im Rahmen der Kommunalreform satte Geldgeschenke. Pro Dieperzer gab es damals 100 DM für den Haushaltssäckel. Zumindest dann, wenn die Gemeinde sich in der Folge auflöste. Und das liebe Geld machte den Plan der Väter von 1905 wahr. Am 10. Juni 1979 wurde Dieperzen ein Stadtteil Altenkirchens.

Adresse 57610 Altenkirchen-Dieperzen | ÖPNV ab Bahnhof Altenkirchen Linientaxi nach Dieperzen und Honeroth, Anmeldung unter Tel. 02681/951795 (bis 60 Minuten vor Abfahrt) | Anfahrt ab Ortsmitte Altenkirchen über die Frankfurter Straße nach Dieperzen | Tipp Im nicht fernen Altenkirchen kommen Tennisfans auf ihre Kosten: Alljährlich wird dort das AK Ladies Open ausgetragen. Internationale Spielerinnen wetteifern hier um ein Preisgeld von 25.000 US-Dollar.

3 Das Adolf-Weiss-Denkmal

Zwölf Flaschen Wein für einen kernigen Satz

Adolf Weiss machte keinen Hehl aus der Motivation, seinen Bleistift zu zücken. Der Bauer und Hobbydichter aus Mademühlen hatte es auf die zwölf Flaschen Moselwein abgesehen, die der Bonner Westerwaldverein im Jahre 1913 als Hauptpreis für seinen Wettbewerb auslobte. Das ehrenvolle Ziel: Es sollte ein ureigener Westerwälder Erkennungsgruß geschaffen werden. Über 60 Einsendungen erreichten Bonn, und auch Weiss nahm die Herausforderung an. Der kecke Poet schuf den prägnanten Satz »Hui? Wäller! – Allemol!«. Und das war ein Volltreffer.

Die Bonner Westerwaldfreunde hatten ihren Sieger, der den kernigen Satz in 16 Verse verpackte, von denen ein nicht unerheblicher Teil den Wunsch beschrieb, doch bitte schön den Wein von der Mosel zu erhalten. Der für auswärtige Ohren fremdartig klingende Satz interpretiert sich so: Der scharfe und pfeifende Wind des Westerwaldes inspirierte Weiss zum »Hui!«. Und »Wäller«, also Westerwälder, sei man ja »allemol«, soll heißen: auf jeden Fall.

Der Satz zieht sich wie ein roter Faden durch das Leben im Westerwald. Gaststätten heißen »Hui Wäller«, und auch T-Shirts werden von dem Satz geziert. Auch ist der Ruf der traditionelle Wahlspruch der Mitglieder von Dutzenden Westerwaldvereinen der Region und wird mit Stolz geschmettert. Respektabel ist die Leistung dieser Vereine »allemol«, die sich um den Erhalt des etwa 2.300 Kilometer langen Wanderwegenetzes im Westerwald kümmern. Und auch hier darf der Schöpfer des Grußes nicht fehlen. Der Adolf-Weiss-Weg, markiert mit einer weißen römischen Zwei auf schwarzem Grund, führt von Linz bis Katzenfurt und zeigt auf 118 Kilometern die vielen Facetten der Region. Natürlich wurde Weiss ein steinernes Denkmal gesetzt. Es steht seit 1939 auf dem Gipfel des Knoten bei Arborn ganz in der Nähe des Wohnortes des kultigen Dichters und wird liebevoll vom dortigen Westerwaldverein gepflegt.

Adresse Knoten, 35753 Arborn | ÖPNV Bus LM-12 von Mengerskirchen bis Arborn | Anfahrt 2,5 Kilometer zu Fuß ab Ortsmitte über Industriestraße | Tipp Arborn ist ein Ortsteil der Gemeinde Greifenstein mit der gleichnamigen Burg. Hier gibt es ein tolles Glockenmuseum.

4 Die Aussichtsplattform

Das »Auge« des Asbacher Landes

Bennau war einst steinreich. Basalt, ein Gestein, das vor rund 25 Millionen Jahren durch aufsteigendes Magma entstanden war, formte den Hausberg von Bennau. Am Steimelskopf wurde das Gestein ab dem 19. Jahrhundert abgebaut. Der hochwertige Säulenbasalt wurde nicht nur in der Region für Pflastersteine genutzt. Als Exportschlager wurde er unter anderem beim Bau der Kölner Hafenmauer sowie bei der Errichtung des Eisenbahndamms verwendet, der die Insel Sylt mit dem Festland verbindet. Auch beim Deichbau in Holland kam er zum Einsatz. Für den Abtransport des Materials wurde in Bennau eigens eine Eisenbahnverbindung geschaffen. Auch auf dem Schiffsweg brachte man das Gestein zu den Abnehmern.

Der Basaltabbau am Bennauer Kopf, wie der Berg zwischenzeitlich genannt wurde, wurde Ende der 1950er Jahre eingestellt. Der Steinbruch, der einst der größte im Asbacher Land war, füllte sich mit Wasser. Es entstand ein rund 40 Meter tiefer See mit den stattlichen Ausmaßen von etwa 160 mal 190 Metern. Die Natur eroberte sich den Steinbruch zurück. Dort, wo noch bis zum Zweiten Weltkrieg circa 100 Menschen arbeiteten, stehen heute wieder Tiere und Pflanzen im Mittelpunkt.

Der Steinbruchsee hat eine Besonderheit: Die Tiefe und Lage in einem weitgehend windgeschützten Kessel führen dazu, dass Tiefenwasser nicht an die Oberfläche kommt. So siedelten sich seltene Algenarten an, und auch die steilen Felswände mit seltenen Pflanzen sorgten dafür, dass das Gelände als Fauna-Flora-Habitat ausgewiesen wurde.

Im Jahr 2008 kaufte der ANUAL, der »Arbeitskreis für Natur- und Umweltschutz Asbacher Land e.V.«, einen großen Teil des Geländes. Im Jahr 2012 wurde eine kleine Aussichtsplattform geschaffen. Von dort hat man einen wunderschönen Ausblick auf den See. Dort, ganz oben, versteht man, weshalb er auch als das »Auge« des Asbacher Landes bezeichnet wird.

Adresse Steinstraße, 53567 Asbach-Bennau | ÖPNV Bus SB51 von Asbach bis Haltestelle Bennau | Anfahrt L272, Abfahrt Bennau, über In der Bennau, Basaltstraße, Steinstraße, dann dem dort beginnenden Wirtschaftsweg bis zur Transformatorenstation folgen | Tipp Der nur rund 200 Einwohner zählende Ortsteil hat eine eigene Wasserversorgung. Am Rande der Straße »In der Bennau« steht ein kleines Gebäude, in welchem sich der Brunnen befindet.

5 Die Florinuskapelle

Das letzte Bauwerk der Wüstung

Gelegentlich ziehen nicht nur Menschen, sondern auch Häuser um. Für die letzten Bewohner des Ortes Ütgenbach muss es ein seltsames Gefühl gewesen sein, als um 1850 mit dem Abbau der letzten beiden Fachwerkbauten begonnen wurde. Neu errichtet wurden die Häuser im nahen Asbach. Der Grund für den Umzug war vermutlich eine große Hungersnot. Auch dürfte die Bedeutung des einst so wichtigen Siedlungsplatzes im Laufe der Jahrhunderte stetig abgenommen haben. An dessen Blütezeit erinnert heute in erster Linie die Florinuskapelle. Idyllisch auf einer Lichtung gelegen, ist sie ein ganz besonderer Ort der Besinnung. Neben der Kapelle sind zwei weitere, etwas versteckte historische Besonderheiten erhalten geblieben: Unterhalb der Kapelle, rund 100 Meter entfernt, entspringt eine Quelle, deren Quellwasser gegen Augenleiden helfen soll. Auch ein Hügel mit Graben und Wall ist sichtbar.

Von der einstigen Turmhügelburg ist hingegen nichts mehr übrig. Diese war Sitz der Herren von Ütgenbach, die im Jahr 1330 ins nahe Ehrenstein umzogen und dort eine Burg errichteten. Die auf sie folgenden Ritter von Nesselrode stifteten 1499 in Ütgenbach sogar ein Spital, welches den armen Leuten der Umgebung dienen sollte. Diese Stiftung ist bis heute existent und wird in Asbach als »Ehrensteiner Armenstiftung« weitergeführt. Das Spitalgebäude in Ütgenbach wurde jedoch vermutlich im Dreißigjährigen Krieg zerstört. Dieses Schicksal blieb der Burgkapelle erspart. Das dem heiligen Florinus geweihte Gotteshaus wurde bereits 1216 urkundlich erwähnt.

Bei Renovierungsarbeiten fand man jedoch Spuren, die auf eine noch ältere Holzkirche schließen lassen. Ütgenbach war demnach Sitz der ältesten Pfarrkirche des Vorderen Westerwaldes. Sternförmig führten sogenannte Leichenwege aus den umliegenden Orten zum Kirchhof. Dessen Umfassungsmauern sind auch heute noch gut erkennbar.

Adresse Ütgenbacher Straße, 53567 Asbach-Schöneberg | ÖPNV Bus 51 von Asbach, Haltestelle Schöneberg Markt | Anfahrt L272 von Asbach Richtung Krankel, Abfahrt Ütgenbacher Straße, auf halber Strecke zwischen Krankel und Kahlscheid Waldweg zur Kapelle | Tipp Ein Abstecher zur nahen Burganlage Ehrenstein lohnt sich nicht nur wegen der geschichtlichen Gemeinsamkeiten.

6 Die Gedenkstätte

Ein medialer Sündenfall und dessen Folgen

Es war unglaublich: Reporter sprachen zwanglos mit Geiselgangstern, während diese einer jungen Frau eine Pistole an den Kopf hielten. Unzählige Personen umrahmten den Fluchtwagen inmitten der Fußgängerzone. Nach 54 dramatischen Stunden endete das Gladbecker Geiseldrama mit einer Tragödie. Dass diese auf der A3 bei Aegidienberg passierte, war eher ein Zufall. Die Irrfahrt hatte zuvor nach Köln geführt, weil einer der Gangster »einmal den Dom sehen wollte«. Als der Fluchtwagen Richtung Frankfurt fuhr, erfolgte an der Landesgrenze zwischen Nordrhein-Westfalen und Rheinland-Pfalz der Zugriff durch eine SEK-Einheit. Genauso unrühmlich wie das vorherige Geschehen war auch das Ende der Aktion: Gepanzerte Sonderfahrzeuge zwangen den Fluchtwagen zum Anhalten. Dessen Motor war zwar präpariert, jedoch war der Funksender zum Abschalten nicht greifbar. Zwischen den Einsatzkräften und den Geiselgangstern kam es zu einem minutenlangen Schusswechsel. Die 18-jährige Silke Bischoff starb durch den Schuss eines der Täter. Die zweite Geisel konnte sich verletzt in den Straßengraben retten.

Sowohl die Polizeitaktik als auch das Verhalten der Journalisten sorgten für Diskussionen. In der Folge wurde der Pressekodex erweitert, der ethische Standards für die journalistische Arbeit festlegt.

Drei Menschen verloren beim Geiseldrama ihr Leben. Unvergessen bleiben die Bilder einer von Todesangst gekennzeichneten jungen Frau mit einer Waffe am Kopf, deren Leben am Fuße des Siebengebirges endete. Im Jahr 2009 wurde neben einer Linde eine Skulptur aus Stein und Stahl errichtet, die mit 62 Einschusslöchern versehen ist. Die gleiche Anzahl an Löchern hatte der Fluchtwagen nach dem Zugriff, bei welchem die Geiselgangster nahezu unverletzt blieben. Die Gedenkstätte erinnert nicht nur an den Tod einer unschuldigen Frau, sie ist vielmehr auch ein Mahnmal für einen medialen Sündenfall.

Adresse Kochenbacher Straße, 53604 Bad Honnef | ÖPNV Bus 561 ab Königswinter | Anfahrt Gedenkstätte im Stadtbezirk Aegidienberg unmittelbar neben der A3, von dort aus jedoch nicht erreichbar; Fußweg zur Gedenkstätte in der Kochenbacher Straße an der Brücke über die A3 | Tipp Das nahe gelegene Siebengebirge bietet nicht nur bekannte Sehenswürdigkeiten wie den Drachenfels, sondern auch eine Vielzahl von attraktiven Wandermöglichkeiten.

7 Der Apothekergarten

Heilsames aus der Natur

Kratzt es im Hals, gibt's Salbei, und wer sich unruhig fühlt, kann es mit Baldrian probieren. Diese Standardmittel von Wald und Wiese sind wohlbekannt – aber wie sieht es mit Beinwell und Königskerze, Wilder Malve oder Lungenkraut aus? Im Apothekergarten in Bad Marienberg können sich Besucher davon überzeugen, dass Mutter Natur mehr Heilsames zu bieten hat als so mancher Pharmakonzern. Zu sehen, zu riechen und zu lernen gibt es im Garten eine Menge. So erfährt man zum Beispiel, dass der Spitzwegerich ein patentes Mittelchen gegen juckende Insektenstiche ist. Oder dass Salbei nicht nur gegen Husten wirkt, sondern auch bei Blähungen Linderung verschafft. Gerade den ätherischen Ölen der Pflanzen wird eine hohe Heilkraft nachgesagt. Schnell fällt also auf: Die Kräuter sind echte Tausendsassas und rücken Wehwehchen auf die Pelle wie Breitbandantibiotika. Von den verschiedenen Eigenschaften erzählen informative Schautäfelchen im Apothekergarten. Die berichten auch von der Arzneipower im heimischen Küchenschrank. Majoran passt nicht nur zu Gulasch, und ein Hähnchen ist nicht das einzige sinnvolle Einsatzgebiet von Thymian. In Kombination sind die mediterranen Kräuter ein patentes Mittelchen gegen Schnupfnase und Kopfschmerzen. Ein Hinweis muss sein: Ein Besuch im Kräutergarten ersetzt niemals den Gang zum Arzt. Einem Heilkundler hingegen ist die Existenz des Gartens überhaupt zu verdanken. In Bad Marienberg steht die Lehre Sebastian Kneipps hoch im Kurs, die Kräuterkunde ist eine der fünf tragenden Säulen seiner Ideen.

Der Apothekergarten entstand im Jahr 2000 auf Initiative des örtlichen Kneippvereins und bietet seither Einblicke in eine Welt, die vielen sonst verschlossen bleibt. Netter Nebeneffekt: Die vielen duftenden Blüten und Stauden locken nicht nur interessierte Besucher, sondern bilden auch eine erstklassige Nektarweide für allerlei Insekten.

Adresse Wilhelmstraße 10, 56470 Bad Marienberg | ÖPNV Bus 483 ab Hachenburg | Anfahrt von der B414 auf die Kirburger Straße, danach auf die Langgasse und die Friedrichstraße | Tipp Wem es im Apothekergarten gefallen hat, der wird sich sicher auch im Bad Marienberger Kurpark wohlfühlen, der nur ein paar Schritte entfernt Richtung Norden liegt.

8 Das Projekt Phonehenge

Telefonzellengetwitter für ein gemeinsames Europa

Sie stammen aus einer Zeit, in der die Telefonkarte zum Standardrepertoire eines jeden Portemonnaies gehörte: Telefonzellen. Heute sind die gelben Häuschen, die gelegentlich auch als öffentliches Urinal oder Altglascontainer verwendet werden, eher selten. Der Sargnagel war das Handy. Aber vergessen sind sie nicht!

Das beweist eindrucksvoll das Projekt Phonehenge, frei nach dem berühmten Monument in Großbritannien. Statt der großen Steine wurden hier Telefonzellen in Formation gebracht, die stellvertretend für die zwölf Sterne der Fahne der Europäischen Union stehen. Sechs davon in Bad Marienberg, die andere Hälfte in Altenkirchen. Alle Zellen sind einzigartig gestaltet, getreu dem Motto »Bunt, einladend und vielfältig«. Hinter der farbenfrohen und kreativen Idee steckt das Europahaus Bad Marienberg, genauer gesagt die Jugendbildung »Think Europe« und ihre Mitglieder.

Das Ziel der Initiative ist es, den Gedanken eines friedlichen und offenen Europas zu leben und mit neuen Kommunikationsformen Menschen zusammenzubringen. Die arrangierten und verzierten Telefonhäuschen stammen aus insgesamt fünf EU-Ländern. Der absolute Clou: Jede Zelle hat einen eigenen Account beim Kurznachrichtendienst Twitter. Die Zugangsdaten sind in den bunten Fernsprechhäuschen hinterlegt. So kann jeder Besucher von Phonehenge seine persönliche Nachricht aus einer ollen Telefonzelle in die Welt hinaustwittern – ein Anachronismus, wie er im Buche steht.

Um dieses Kunstprojekt zu realisieren, wurden weder Kosten noch Mühen gescheut: 6.500 Euro kosteten die Zellen, und es flossen stolze 216 Liter Schweiß, wie die Infotafel in Bad Marienberg unterstreicht. Insgesamt machten 58 Jugendliche mit, und 168 Arbeitsstunden waren nötig.

Nettes Detail am Rande: Wer den QR-Code bei der Anlage scannt, kann sich die einzelnen Schritte zur Realisation dieses Kunstwerkes anschauen – auf dem Smartphone allerdings.

Adresse Europastraße 1, 56470 Bad Marienberg | **ÖPNV** Bus 483 ab Hachenburg | **Anfahrt** von der B414 auf die Kierburger Straße, anschließend auf die Langgasse | **Tipp** Der »Parc de Tarbes« in Altenkirchen bietet frische Luft und französisches Flair. Eine Boulebahn und ein Denkmal erinnern an die Partnerschaft mit der französischen Stadt.

9 Das Haus der Geschichte

Ein ganzes Gebäude für die Heimatliebe

Zugegeben: Das Haus der Geschichte im Westerwaldstädtchen Betzdorf macht von außen nicht viel her. Ganz unscheinbar und bräunlich getüncht steht es da und wirkt eher wie ein Einfamilienhaus aus den 1970ern. Doch im Inneren wartet ein spannendes und exakt geordnetes Sammelsurium Betzdorfer Historie – und das alles in modernster Ausstattung. Der Verein »Betzdorfer Geschichte« um den Vorsitzenden Heinz Stock macht es möglich und hebt alles auf, was mit dem Ort zu tun hat. Und da hat sich eine Menge angesammelt. Allein 300 Bücher wurden über Betzdorf verfasst, das ist für ein Städtchen mit 10.000 Einwohnern eine ganze Menge. Dazu kommen 8.000 Fotos mit Betzdorfer Ansichten, alle liebevoll archiviert und eingescannt.

Doch zurück zum Haus. Denn das Haus der Geschichte hat selbst Geschichte. Im Jahre 1900 erbaut, diente es anfangs als Gemeindehaus der evangelischen Kirche. In den letzten Monaten des Zweiten Weltkriegs wurde das Gebäude zerstört und verblieb zunächst in der Hand des kirchlichen Trägers. Erst 2015 wurde es von der Stadt gekauft, und die künftige Nutzung stand schnell fest: Es sollte ein Treffpunkt für all jene entstehen, die Geschichte lebendig machen wollten. Schon am 3. Juni 2016 war die Eröffnung. Vorher musste jedoch kräftig renoviert werden, denn das Ex-Gemeindehaus war schlecht in Schuss. Aber der Renovierungsdrang war so immens, dass sogar der heilige Matthäus keine Chance gegen die Farbrolle der Heimatfreunde hatte. »Siehe, ich bin bei euch alle Tage bis an der Welt Ende«, stand da nämlich an einer der Wände ganz plakativ. Doch auch der Bibelvers musste weichen, um für die Betzdorfer Kleinodien einen modernen Rahmen zu schaffen.

Heute lebt das Haus von Geschichte – und ganz tollen Veranstaltungen! Es gibt Wanderausstellungen, Diskussionsrunden und jede Menge Platz und Zeit für intensive Fachsimpelei mit den rührigen Vereinsmitgliedern.

Adresse Bismarckstraße 20, 57518 Betzdorf, www.betzdorf-geschichte.de | ÖPNV RB93 von Siegen und Wissen | Anfahrt von der B62 auf die Göntermannstraße, dann auf die Bergstraße und die Schulstraße | Öffnungszeiten auf Anfrage, genaue Infos siehe Homepage | Tipp Nördlich der Sieg liegt der Tierpark Niederfischbach. Dort sind viele Vertreter der heimischen Fauna zu erleben.

10 Die Hellerfurt

Auf ein Bier bei Patte Emert

Eine Furt ist eine seichte Stelle eines Flusses oder Baches, die eine Überquerung des Fließgewässers vergleichsweise trockenen Fußes ermöglicht. Durch diese natürliche Verbindung zweier Ufer kam jenen Flachstellen im Verkehrswesen früherer Zeiten eine besondere Stellung zu.

Das erkannten auch die Urahnen der heutigen Betzdorfer. Neben der großen Sieg tangiert das kleinere Flüsschen Heller den Ort, und eine Furt gibt es dort auch. Dass sich die Stelle bestens für zusätzliche Einnahmen in Form von Wegezoll eignete, wurde schnell klar. Und so zimmerte man zunächst eine Holzbrücke über die Hellerfurt und im Jahr 1755 gar eine trutzige Steinbrücke. Denn es wurde befürchtet, dass die Heller die Holzquerung bei Hochwasser fortspülen könnte.

Im Jahre 1900 wurde eine Eisenbrücke gebaut, die die wackelig gewordene Steinbrücke ersetzte. In dieser Zeit entwickelte sich um die Furt herum ein echtes Ballungszentrum. In der Nähe entstanden das Krankenhaus St. Josef und die Betzdorfer Stadthalle. Aber echte Hingucker sind die architektonischen Überbleibsel aus früheren Zeiten. Schön anzusehen sind die alten Giebel am Haus, in dem der Viehhändler Callmann Tobis seine Vierbeiner feilbot.

Und dann wäre da noch das Gasthaus »Zur Post« auf der verlängerten Brückenachse. Einst war dies die Schenke des Wirts »Patte Emert«, und mit Sicherheit kehrte dort so mancher Reisende nach erfolgreicher Brückenüberquerung auf ein kühles Bier ein. Die gelang aber nur mit dem nötigen Kleingeld. Wer das nicht besaß und sich vielleicht zu vehement widersetzte, konnte das Zollhäuschen aus Fachwerk gern von innen besehen. Das wurde nämlich viele Jahre lang als Gefängnis genutzt. Die Winzigkeit des Hüttchens aus Fachwerk sorgt beim bloßen Gedanken für Beklemmung, und klaustrophobisch veranlagte Langfinger werden sicher eine zügige Resozialisierung erfahren haben.

Adresse Friedrichstraße, 57518 Betzdorf | **ÖPNV** RB90 nach Betzdorf | **Anfahrt** über die B62 auf die Friedrichstraße | **Tipp** Ein interessantes Gebäude der Betzdorfer Geschichte ist das Alte Feuerwehrhaus in der Rainstraße.

11 Das Wasserschloss

Ein friedlicher Sitz für trauernde Witwen

Burgen und Schlösser sind im Westerwald wahrlich kein seltener Anblick. Doch etwas Besonderes ist das Wasserschloss Hof Neuroth bei Bilkheim, ist es doch das einzige seiner Art im ganzen Oberen Westerwald. Dies macht den Reiz des Anwesens aus: Der mittelalterlich anmutende Wassergraben kontrastiert die verspielte Bauweise des barocken Schlosses ganz zauberhaft. Auch heute werden Gebäude und Areal liebevoll gepflegt, denn es dient nach wie vor als Wohnhaus.

Das Anwesen gehörte im tiefen Mittelalter den Herren von Neuroth, die im Dienste der Grafen von Sayn standen. Damals befand sich dort noch eine trutzige Burg. Erst 1664 wurde das Gebäude von Georg Ludwig von Brambach, der per Erbe an die Anlage geraten war, in die jetzige Form umgebaut. Die Generalrenovierung wirkte offenkundig wertsteigernd. Denn schon 1687 wurde es an die Familie von Waldersdorff verkauft, der das Gelände noch heute gehört. Stolze 13.000 Gulden soll das Schloss seinerzeit gekostet haben. Kurz nach dem Kauf wurde das Wasserschloss zum Witwensitz. Oder anders formuliert: zu einem Ein-Personen-Haushalt mit mehr Gästezimmern als Wohnräumen.

Die hinterbliebenen Gattinnen der Grafen von Waldersdorff konnten ihre Trauer bei einem phantastischen Ausblick bewältigen. Das Stammhaus, Schloss Molsberg, ist von Hof Neuroth aus gut sichtbar. Und allein die Anlage bietet eine friedvolle Atmosphäre. Hohe Bäume umrahmen das Schloss, das mit einem gestalterischen Mix aus Wasser, Stein und Natur sensationelle Ruhe und unglaublichen Frieden ausstrahlt.

Sehenswert sind auch der markante Turm und die Brücke aus massivem Stein, die einst als Ersatz für eine Zugbrücke errichtet wurde. Da das Schloss in Privatbesitz ist, ist nur ein Blick mit gebührendem Abstand möglich. Glücklicherweise führen Wanderwege ringsherum ganz nah am Wasserschloss vorbei, sodass sich die Wirkung dieses Ortes trotzdem entfalten kann.

Adresse Neurother Straße, 56414 Bilkheim | ÖPNV Bus 481 von Wallmerod nach Bilkheim, von dort etwa 10 Minuten zu Fuß | Anfahrt Wasserschloss zwischen Bilkheim und Salz an der Neurother Straße | Tipp Wer weniger auf Ruhe aus ist, sollte mit Kind und Kegel das Spaßbad in Hundsangen besuchen. Dort warten Wasserrutschen und Liegewiesen.

12 Das Biermuseum

Kürbisbräu im Selbstversuch

Fans einer gepflegten Hopfenkaltschale sollten jetzt ganz genau aufpassen: Im Örtchen Bitzen gibt es ein Biermuseum. Dahinter steckt kein Trägerverein, und es sinniert hier auch kein amtlicher Museumsführer über Westerwälder Braukunst. Chef des Museums ist der Einzelkämpfer Louis da Silva. Der gebürtige Portugiese hat ein Herz für alles, was aus Hopfen und Malz besteht und in einer Glasflasche daherkommt. Irgendwann auf seinen Reisen um die Welt – Louis war Barkeeper auf einem Kreuzfahrtschiff – packte ihn die Bierflaschen-Sammelwut. Über 2.700 Pullen aus den Braukesseln deutscher Biermanufakturen zieren heute akribisch aufgereiht und in schummrigem Licht die Wände seines Hauses. 800 weitere Marken aus aller Welt gesellen sich dazu, ganz egal, ob elitäre Craftbiere oder Traditionssorten. Abgerundet wird die sehenswerte Sammlung von einer unüberschaubaren Anzahl von Theken-Accessoires wie Krügen oder Bierdeckeln.

Unter den Flaschen sind auch antike Schätzchen zu finden. Seine älteste Flasche stammt aus dem Jahre 1940. Viele weitere sind 40 bis 50 Jahre alt. Natürlich ist der Inhalt weg, aber allein die alten Flaschenformen sind einen Blick wert. Gern testet der Hopfenfan seine Exponate. So soll er bereits rund 400 seiner Spezialitäten selbst gekostet haben. Welche Sorte ihm am besten schmeckt? Dunkelbier soll es sein! Und was gar nicht geht, kommt auffällig oft aus Südamerika, Argentinien und Brasilien. Dort werden Kürbis und Himbeere ins Lagerbier gemischt. Reinheitsgebot? Fehlanzeige! Auch sonst sind einige Exoten dabei, die irgendwann auf die Markennamen »Laško Zlatorog«, »Ichnusa« oder »Mariahilfer Vollbier« getauft wurden.

Sein Hobby betreibt er nicht im stillen Kämmerlein. Jeder kann sein Bierpanoptikum besuchen – selbst jene, die kein Bier mögen. »Dann mixe ich einfach einen tollen Cocktail«, verspricht der ehemalige Barkeeper.

Adresse Mittelstraße 4, 57539 Bitzen | ÖPNV Bus 260 von Au (Sieg) | Anfahrt von Wissen durch Alserberg, Pirzenthal und Dünebusch, in Bitzen auf die Hauptstraße, dann auf die Mittelstraße | Öffnungszeiten auf Anfrage unter Tel. 02682/968300 | Tipp Im nahen Wissen gibt es eine reiche Kulturszene. Bekannt ist beispielsweise die »NachtSchicht«, ein Event, das sich thematisch um die Industriekultur des Westerwaldes dreht.

13 Das Grabhügelfeld

Einblicke in die Welt der Kelten

Für unsere Ahnen waren sie ein essenzieller Bestandteil der Bestattungskultur: Hügelgräber. Diese Orte der letzten Ruhe sind quer über Europa verteilt und haben die Gemeinsamkeit, weithin sichtbar zu sein. Die aufgeschütteten Ruhestätten waren beileibe keine Gräber für die Nullachtfünfzehn-Zeitgenossen. Nein, vielmehr ruhten dort die Überreste von besonderen Menschen, von Herrschern, Fürsten oder den tapfersten Kriegern.

Grabbeigaben sollten den VIPs der alten Zeiten den Übergang in eine andere Welt möglichst angenehm gestalten. Das rief seit eh und je Grabräuber auf den Plan. Nach dem Hort brauchten die Plünderer meist nicht lange zu suchen, denn die Grabhügel stechen aus der Landschaft heraus. Zusätzlich wurden die Gräber oft mit einem mystischen und reich verzierten Holzstamm versehen. So auch die Ruhestätten im Wald bei Bonefeld.

Sicher, der wie ein Marterpfahl anmutende Stamm ist kein Original, wurde aber akribisch rekonstruiert und bietet einen Einblick in die religiösen Sitten der Kelten. Datiert wird die Anlage, die aus elf Gräbern besteht, auf die ältere Eisenzeit und muss somit zwischen dem 6. und 3. Jahrhundert vor Christus entstanden sein. Hügel Nummer eins ist am spannendsten. Er wurde schon 1919 eingehend untersucht. Menschliche Überreste wurden damals keine gefunden, aber Beigaben wie eine Keramikscherbe und eine Bronzenadel. Auch interessant: Um den Hügel herum wurde ein Steinkreis aus Basaltbrocken gelegt – ein schöner Beweis für die Tausende Jahre alte Verbindung der Westerwälder zu ihrem besonderen Gestein.

Doch der industrielle Basaltabbau späterer Zeit hinterließ auch an den Hügeln seine Spuren, hier und dort gab es Beschädigungen. Auch die Forstwirtschaft setzte der wertvollen Anlage zu. Immerhin ist bisher von Grabräubern keine Rede. Trotz kleinerer Blessuren verdient das Grabhügelfeld das Prädikat »besonders sehenswert«.

Adresse 56579 Bonefeld | ÖPNV Bus 160 ab Rengsdorf | Anfahrt in Rengsdorf auf die Westerwaldstraße, dann auf die B256, im Ort parken, Hügelfeld 1,3 Kilometer westlich von Bonefeld | Tipp In der Peripherie Bonefelds liegen nicht nur die Keltengräber, sondern ein ganzer Keltenweg, der zum Rundgang einlädt.

14 Die Peter-Hussing-Halle

Harte Faust trifft großes Herz

Peter Hussing war eine Ikone. Wenn der Hüne – er war fast zwei Meter groß und wog gute 116 Kilogramm – in den Boxring stieg und die Bretter wackeln ließ, ging schon mal ein ehrfürchtiges Raunen durch das Publikum. Voller Ehrfurcht waren auch seine Kontrahenten. Denn der Schwergewichtsboxer aus Brachbach hatte eine gefürchtete Rechte, die er bei insgesamt 439 Kämpfen unter Beweis stellte. Nach 16 gewonnenen deutschen Meisterschaften und internationalen Spitzenplatzierungen trat »unser Peter«, wie er liebevoll genannt wurde, auch bei der Olympiade 1972 in München an. Im Halbfinale war Schluss: Der Kubaner Teofilo Stevenson bescherte Hussing eine katastrophale Niederlage.

Doch genau genommen war nicht der Kampf, sondern der Aufbau das bestimmende Thema im Leben des Peter Hussing. Denn der allüren- und skandallose Hussing war eigentlich gelernter Maurer und studierte neben der sportlichen Karriere Architektur. Er war irgendwie besonders und galt als bodenständig und bescheiden. Eben ganz anders, als die glamouröse Boxwelt schon damals war. Einladung zu Galas schlug er meist aus.

Auch das Herz saß am rechten Fleck. So engagierte sich Hussing bei der »Tour der Hoffnung«, einer Benefiz-Fahrradtour zugunsten krebskranker Kinder. Dafür erhielt er gar das Bundesverdienstkreuz. Auch in seinem Heimatdorf Brachbach packte er für die Gemeinschaft an. Zuletzt tauschte er den Boxring mit dem Ratssaal und war bis 2008 der ehrenamtliche Bürgermeister seines Heimatdörfchens. Dort ist er auch beerdigt. Denn Hussing starb im Jahre 2012 mit 64 Jahren viel zu früh an einem Krebsleiden. Doch die Brachbacher setzten ihm ein Denkmal: Die Mehrzweckhalle wurde 2018 in Peter-Hussing-Halle umgetauft. Hier finden schon seit Jahrzehnten urige Dorffeste statt. Und die Brachbacher sind sich sicher, dass »unser Peter« es sehr gemocht hätte, dass sein Name nun einen Ort voller Leben ziert.

Adresse Konrad-Adenauer-Straße 1, 57555 Brachbach | ÖPNV RB 93 von Wissen und Betzdorf nach Brachbach | Anfahrt von der B42 in Mudersbach abfahren, danach auf Bahnhofstraße und Industriestraße, wird wieder zur Bahnhofstraße (Brachbach), von dort links auf Gartenstraße und erneut links auf Casiniusstraße, mündet in Konrad-Adenauer-Straße | Tipp Im benachbarten Mudersbach lädt das Naturfreibad Schinderweiher zum Planschen ein.

15 Der Lökestein

Von tanzenden Felsen und umgeknickten Füßen

Vor langer Zeit fassten die Windhagener den Plan, Gott ein Haus zu errichten. Doch leider waren sie nicht nur fromm, sondern auch pleite. Für mehr als vier Wände reichte das Budget nicht aus. Obwohl die Kirche nicht fertiggestellt wurde, rief die Idee den Teufel auf den Plan, dem allein das Unterfangen sauer aufstieß. Um den Beelzebub milde zu stimmen, bediente sich ein pfiffiger Windhagener einer List. Es solle gar keine Kirche werden, versicherte er, sondern ein Tanzsaal zu seinen Ehren.

Der Teufel war glücklich, denn Tanzen war eine Sünde. Doch der vermeintliche Tanzsaal blieb ein Rohbau. Anfällig für diese Schmeichelei, bezuschusste der Beelzebub das Bauprojekt mit einer satten Fördersumme.

Als er einige Zeit später zurückkehrte, um den mittelalterlichen Dancefloor zu testen, stand dort eine prächtige Kirche. Die Windhagener hatten ihn gehörig verschaukelt. Darüber wurde der Teufel derart zornig, dass er mit dem erstbesten Felsbrocken nach dem neuen Glockenturm schmiss, um ihn einzureißen. Doch der Wüterich knickte mit dem Fuß um und warf schnurstracks am Turm vorbei, der krachend im Buchholzer Moor landete. Dort, in vier Kilometern Entfernung von der Windhagener Kirche, liegt dieser Fels, der Lökestein, noch heute. »Löke« ist ein dialektaler Begriff für »läuten«, und so kam der Stein zu seinem Namen.

Denn wenn der Wind günstig steht, ist das Geläut der Windhagener Kirchenglocken gut zu hören. Dann soll der Lökestein tanzen, genauer gesagt sich im Kreis drehen. Ebenso, wie es der Teufel auch gern in seinem Saal getan hätte. So will es zumindest die schönste aller Legenden, die sich um den Lökestein ranken. Seine wahrhaftige Entstehung ist freilich profaner: Wahrscheinlich ist der Lökestein ein übrig gebliebener Teil eines ehemals größeren Brockens, der nach und nach zur Gewinnung von Pflastersteinen abgetragen wurde.

Adresse Buchholzer Moor (nahe Flugplatz Nord), 53567 Buchholz | ÖPNV Bus 539 von Asbach bis Eudenbach Flugplatz Nord | Anfahrt von Windhagen auf die L272, dann auf die L273 und die L274 | Tipp Das Buchholzer Moor mit seiner Heidelandschaft ist ideal für einen kleinen Spaziergang. Es gibt einen Rundweg von 1,6 Kilometer Länge, der auch für weniger geübte Wanderer geeignet ist.

16 Die bunte Kuh

Quietschbunter Gruß aus »BH«

Der Westerwald ist für vieles bekannt: Bergbaugeschichte, Eisenbahnkultur und Töpferhandwerk. Aber sicher nicht für quietschbunte Tierskulpturen aus Kunststoff. Denkste. Wer das behauptet, kennt Paula aus Busenhausen nicht! Denn hierbei handelt es sich um eine lebensgroße bunte Plastikkuh in allen erdenklichen Regenbogenfarben, die am Ortseingang des Dörfchens ganz in den Fressvorgang vertieft ins Westerwälder Gras blickt.

Verantwortlich für den farbenfrohen Gruß an vorbeifahrende Autofahrer und flanierende Wanderer ist die örtliche und einzige Kindertagesstätte, die den bunten Wiederkäuer der Gemeinde als Geschenk überließ. Offensichtlich durften sich die Kinder mit Pinsel und Palette so richtig austoben. Geschadet hat dies Paula nicht, im Gegenteil. Mit ihrer bunten Farbenpracht begrüßt sie mit großen Augen und dem Abbild einer Blume direkt unter den Hörnern auch ÖPNV-Fans – denn Paula steht kaum zwei Meter von der Bushaltestelle entfernt. Das sieht ganz ansehnlich aus, auch wenn das Farbmuster auf Paulas »Fell« an eine anatomische Darstellung zur richtigen Schlachtweise einer Kuh für Metzgerlehrlinge erinnert.

Der Haltepunkt nebenan inklusive Wartehäuschen ist recht gut in Schuss, was man von der Kuh mit Blumenmuster kaum behaupten kann. Denn bei ihr ist der Lack schon kräftig ab. Unter der Farbschicht ist das Basismodell in sattem Erdbraun deutlich erkennbar. Kurz gesagt: Eine Renovierung würde dem Rind sehr gut stehen. Dennoch ist Paula ein Hingucker, sticht sie doch schon von Weitem aus dem satten Grün der sie umgebenden Wiese hervor.

Aber auch der Ort selbst strahlt durchaus ein charmantes Flair aus. Das muss auch an den Einwohnern Busenhausens liegen, die Humor beweisen, wenn es um ihr Heimatdorf geht. Denn das nennt mancher keck und kurz »BH«. Assoziationen mit der Abkürzung für Büstenhalter verbieten sich natürlich rigoros.

Adresse Hauptstraße, 57612 Busenhausen | ÖPNV Bus 285 und 287 ab Bahnhof Altenkirchen nach Busenhausen | Anfahrt von Altenkirchen auf die Kumpstraße, dann auf die L267, wird zur Busenhausener Hauptstraße | Tipp Im benachbarten Altenkirchen ist der Bismarckturm ein beliebtes Ausflugsziel und Fotomotiv.

17 Das Atelier Liese

Schauen, spüren, freuen

Ja, es gibt sie noch, diese kleinen, urigen Künstlerateliers. Auch im Westerwald, und eines davon befindet sich in Daaden. Das »Atelier Liese« ist ein solcher Hotspot für Kunstfans und jene, die einfach nur ein wenig Ruhe vom turbulenten Alltag tanken wollen. Ursprünglich war die heutige Galerie eine alte Scheune. Und dank dem kreativen Kopf hinter der Galerie, Anne L. Strunk, deren Künstlername »Liese« ist, wurde das alte Gebäude zu einem bunten Ort. Das Landleben verschwand nicht vollends. Denn von den Gemälden grüßt und glotzt Kuh Berta die Betrachter liebenswürdig an, die sicherlich ihre Freude an den ganz »Bekloppten Hühnern«, einem anderen Werk, hätten.

Oft stehen Frauen im Mittelpunkt. Einige Werke werden unter dem französischen Titel »Dames« zusammengefasst. Die Ladys sind echte »Sommervögel«, farben- und lebensfroh mit Cocktailgläsern und schicken Hüten. Das Sommerfeeling bis in den Winter zu »konservieren« ist das ausdrückliche Ziel dieser Werke. Bis zur Realisation des Ateliers war es für Anne L. Strunk ein weiter Weg durch die Hörsaale und Kunstwerkstätten des Planeten. Sie studierte in Bochum, Dresden und Anhui in China. Sie zeigte ihre Werke in Berlin, New York, Barcelona – und nun eben im etwas verschlafenen Daaden.

Doch der Atelieralltag wird stets aufgepeppt. Die kleinen Veranstaltungen haben bereits eine große Fangemeinde. Sogar Abgeordnete des Landtags funken gern ihre Online-Veranstaltungen aus dem Atelier. Dabei spielt natürlich die Politik die Hauptrolle. Langweilig wird es jedoch nicht, schließlich stimmt das bunte Umfeld. Kurzum: Die Lebensfreude steht im Mittelpunkt. Die Scheune ist gleichzeitig der Ort, wo »Liese« malt. Das Motto lautet: »Schauen und spüren, wie sich die Seele freut«. Und das funktioniert. Sogar von außen: Die wild umwucherte Hausfront allein ist schon ein Hingucker. Betreten wird natürlich wärmstens empfohlen.

Adresse Denkmalstraße 13, 57567 Daaden, www.atelierliese.de | ÖPNV mit dem Zug nach Herdorf, dort Bus 295 nach Daaden | Anfahrt von Friedewald über die L285, in Daaden rechts auf die Denkmalstraße | Öffnungszeiten auf Anfrage, Infos siehe Homepage | Tipp Die evangelische Pfarrkirche von Daaden gilt als eine der schönsten Barockkirchen des Westerwaldes.

18 Der schiefe Turm

Pisa kann einpacken

Das Leben ist manchmal unfair: Dausenau besitzt einen Turm, der mit einer Neigung von 5,22 Grad deutlich schiefer ist als das weltbekannte Wahrzeichen von Pisa. Dort misst man 3,97 Grad Schieflage. Doch während der Schiefe Turm von Pisa Touristen aus aller Welt anzieht, ist das Pendant in der malerisch an der Lahn gelegenen Ortsgemeinde Dausenau nur der heimliche Weltmeister. Die Eintragung des Turmes im Guinnessbuch der Rekorde wurde nämlich bisher regelmäßig versagt. Der Turm ist Teil einer mittelalterlichen Befestigungsanlage, die vermutlich nach der Stadtrechtsverleihung 1348 angelegt wurde.

Nicht nur diese Rechte sind zwischenzeitlich verloren gegangen, sondern auch die Standfestigkeit des Turmes. Schuld daran ist insbesondere der Standort am Hang. Die Turmbauer errichteten das Gebäude nur teilweise auf massivem Fels. Früher war dies unproblematisch. Die Stadtmauer, die den Turm stützte, wurde jedoch zu Beginn des 19. Jahrhunderts zum Teil abgebrochen. Hinzu kamen weitere Umstände: Um Schiffsverkehr auf der Lahn zu ermöglichen, wurden Stauwerke gebaut. Hierdurch erhöhte sich die Feuchtigkeit im Untergrund. Der zunehmende Schwerlastverkehr auf der angrenzenden Straße war der Stabilität ebenfalls nicht dienlich.

Heute besitzt Dausenau zwar eine Umgehungsstraße, hat aber auch ein Problem: Der ursprünglich vertikale Turm ist in Bewegung und in Gefahr. Mitte des vergangenen Jahrhunderts wurde daher bereits seine Höhe reduziert: Rund 7,50 Meter wurden abgetragen. Seitdem misst das Bauwerk nur noch 16,39 Meter Höhe. Der ersehnte Eintrag im Guinnessbuch wird mit der Begründung abgelehnt, es handele sich um eine nicht begehbare Ruine. Der Turm verfügt zwar an der Nordseite über eine Eingangstreppe, diese ist jedoch nach dem Teilabriss der Stadtmauer unzugänglich. Und so bleibt dem Turm in Dausenau wohl auch in Zukunft nur der inoffizielle Titel »schiefster Turm der Welt«.

Adresse Lahnstraße 33, 56132 Dausenau | ÖPNV mit der RB23 von Nassau nach Dausenau | Anfahrt B260 bis Dausenau, unweit des historischen Zentrums nördlich beziehungsweise bergseitig an der Lahnstraße gelegen | Tipp Nur wenige Meter entfernt befindet sich das »Alte Rathaus« von Dausenau. Es wurde um 1434 errichtet und gilt als das zweitälteste spätgotische Fachwerk-Rathaus Deutschlands.

19 Die Kapelle am Heilborn

Wo sich Bäume ihren Weg bahnen

Wer das Innere der Kapelle am Heilborn betreten möchte, ist sofort beeindruckt. Mächtige Baumriesen stehen im Eingangsbereich. Die linke, 400-jährige Linde besitzt einen Stammumfang von 6,50 Metern. Die Bäume sind in das Vordach regelrecht integriert und durchbrechen dieses. Weitere Bäume befinden sich im Umfeld und spenden Schatten. Obwohl die Riesen im Eingangsbereich der kleinen Kapelle stehen, wirken sie nicht wie ein Pförtner oder Türsteher getreu dem Motto »Du kommst hier nicht rein«. Die im wahrsten Sinne des Wortes wunderbaren Bäume vermitteln eher den Eindruck, dass an diesem besonderen Ort genau solche Wunder möglich sind. Unzählige Dankestafeln im Innern der Marienkapelle bekräftigen dies. Eine enge Beziehung zu dem kleinen Gotteshaus hat die katholische Ordensgemeinschaft der Armen Dienstmägde Jesu Christi. Diese wurde durch die im Jahre 2018 heiliggesprochene Maria Katharina Kasper gegründet. Den Namen der Gemeinschaft empfing sie im Gebet an dem Marienheiligtum.

Errichtet wurde die Kapelle bereits im Jahre 1692. Der Hauptgrund, weshalb Menschen seit Jahrhunderten an diesen Platz pilgern, befindet sich nur wenige Meter von dem Bauwerk entfernt: eine Quelle namens Heilborn. Wie der Name bereits verrät, wird deren Wasser eine heilende Wirkung zugesprochen. Die Quelle ist heute wie ein Brunnen gefasst, der einen Deckel enthält. Mittels einer Pumpe kann man das Wasser nach oben befördern. Heilsuchende Menschen trinken das Wasser, füllen es in Behältnisse oder benetzen sich vor Ort damit.

Der Überlieferung nach soll das Wasser besonders wohltuend für die Augen sein. Und zwar bei Menschen und Haustieren. Wer die mächtigen, rund 40 Meter hohen Baumriesen aus der Ferne betrachtet, mag vielleicht auch denken, dass das Wasser für ein langes Leben sorge. Aufgrund ihrer Besonderheit stehen sie unter Naturschutz.

Adresse Elgendorfer Straße, 56428 Dernbach | ÖPNV Bus 115 und 462 von Montabaur nach Dernbach | Anfahrt A3, Ausfahrt Montabaur, Richtung Dernbach, L312, Heilborn circa 500 Meter nach der Unterquerung der Autobahn links an der weithin sichtbaren Kapelle | Tipp Nur wenige Meter entfernt verläuft der Permanentwanderweg der Wanderfreunde Ebernhahn e.V. mit einer Vielzahl von sehenswerten Figuren wie zum Beispiel dem »Westerwälder Basaltkopp«.

20 Die Platzrandstraße

Krieg und Frieden auf 2.000 Hektar

Auf dem Gelände des Truppenübungsplatzes Stegskopf geben sich Zerstörung und Regeneration die Klinke in die Hand. Dort, wo einst Soldaten ihre Schießübungen absolvierten, ist ein wundervolles Naturreservat entstanden. Die Bewohner heißen Bekassine und Rauhfußkauz, sogar die seltene Wildkatze wurde gesichtet. Alte Heilpflanzen wie Arnika sind heutzutage rar, doch auf dem alten Aufmarschgelände gedeiht sie.

Die Geschichte des Geländes ist lang. Ab 1914 trainierten hier erstmals Truppen. In der Nazizeit benutzten die Hitlerjugend, die Polizei sowie die Wehrmacht das Areal. Nach dem Zweiten Weltkrieg kamen die Franzosen, und damals, in den 1950er Jahren, erlebte das Stegskopf-Gelände seine intensivste Zeit. Artillerie und Mörser feuerten in die Laub- und Mischwälder. Etwas ruhiger ging es dann nach 1958 zu: Dann probte die Bundeswehr hier den Ernstfall. Gebäudeattrappen sorgten für realistische Bedingungen beim Training im Häuserkampf. Zweimal wurden größere Menschenmengen auf dem Truppenübungsplatz einquartiert: In den beginnenden 1990ern waren es rund 2.100 Übersiedler aus der DDR, 2015 wurden bis zu 5.000 Flüchtlinge beherbergt. Zu diesem Zeitpunkt war das Licht in den Militäranlagen bereits erloschen.

Im Dezember 2013 war der Schlagbaum am Eingangstor ein letztes Mal gefallen. Die Bundeswehr legte die Anlage still. Das Gelände ist heute ein Naturidyll, und immerhin sind die Wanderwege für Spaziergänger freigegeben. Die sollten tunlichst nicht verlassen werden. Denn immer noch könnten Munitionsteile abseits der Pfade im Erdreich schlummern. Wem dies nicht behagt und wer auch die bezaubernde und intakte Tier- und Pflanzenwelt nicht stören möchte, kann sich mit der Platzrandstraße drum herum begnügen. Die bei Radfahrern beliebte Strecke bietet einen tollen Blick auf das alte Areal mit seiner wechselvollen Geschichte und atemberaubenden Natur.

Adresse Platzrandstraße, 57520 Derschen | ÖPNV Bus 1277 ab Daaden | Anfahrt in Daaden auf die L285 nach Friedewald, dann auf die Kaiser-Ludwig-Straße nach Derschen und südlich halten | Tipp In der Nähe der Platzrandstraße befinden sich zwei interessante Gesteinsformationen: »Klein Steinchen« und »Groß Steinchen«.

21 Die Kinzing-Uhr

Meisterwerk eines begnadeten Autodidakten

Wer heute durch Dierdorf schlendert und den Blick in Richtung Uhrturm richtet, bekommt in erster Linie zweckmäßig die Zeit angezeigt. Gleichzeitig ist der Blick auf den dort in luftiger Höhe angebrachten Chronometer eine Reise in die Geschichte einer besonderen Handwerkerfamilie. Denn die Uhr stammt aus der Manufaktur Christian Kinzings und wurde bereits im Jahre 1776 installiert. Der Turm steht schon länger, war er doch eines der stolzen Zeichen der Stadtrechte, die Dierdorf im Juni 1357 verliehen bekam.

Doch zurück zum Meisteruhrmacher Christian, der eigentlich keiner war. Zunächst hatte er sich in Fahr als Müller betätigt. Doch als er gemeinsam mit seinem Bruder Peter, Orgelbauer von Beruf, in die Neuwieder Mennonitengemeinde eintrat, orientierte er sich neu. In der dortigen Kirchstraße gründeten die Brüder 1741 eine Uhrmacherwerkstatt. Sie waren Autodidakten, und auch auf die Bezeichnung »Uhrmacher« waren die Kinzings nicht wirklich festgenagelt. Es wurde alles repariert und gefertigt, was nur einen Hauch von Mechanik aufwies. Von Kaffeemühlen über Spielzeug und Schreibfedern bis hin zu Musikinstrumenten war alles dabei. Das belegen die Rechnungen, die säuberlich in den Protokollen der Grafen von Wied hinterlegt waren.

Und dann gab es eben noch die Uhren, die schon damals ihresgleichen suchten. Auch wenn die Kinzings ihr Handwerk niemals fachgemäß erlernt hatten, entstanden früh kleine Meisterwerke. Keinen Hehl machten sie aus der mangelnden Ausbildung. So signierten die Brüder ganz selbstbewusst eine Bodenstanduhr mit dem ehrlichen Satz: »Fratres Kintzinger Artifices Autodidacti fecerunt«. Soll heißen: Die Brüder brachten sich alles selbst bei. Diesen Schuh musste sich übrigens Christians Sohn Peter niemals anziehen. Der lernte in der Werkstatt die Uhrmacherkunst von der Pike auf und wurde selbst ein berühmter und hoch angesehener Uhrenmanufakteur.

Adresse Nähe Marktplatz, 56269 Dierdorf | ÖPNV Bus 464 von Selters | Anfahrt über die B413 nach Dierdorf, auf die Hauptstraße, dann auf die Marktstraße | Tipp Auf dem nahe gelegenen Flugplatz Wienau findet Jahr für Jahr im September ein Flugplatzfest statt.

22 Das Haus des Barons

Ein Wäller in Texas

Es gibt krosse Schnitzel, auf der Bühne musiziert die Combo »Jodel-Blitz«, und fröhliche »Prosit«-Rufe hallen durch das volle Bierzelt. Dies ist eine typische Oktoberfest-Szene. Allerdings nicht in Bayern, sondern in Texas. Genauer: im Städtchen Fredericksburg, das von Otfried Hans Freiherr von Meusebach im Jahre 1846 gegründet wurde. Heute ist man dort noch mächtig stolz auf »The German Heritage«, das deutsche Kulturerbe, und auf seinen Gründervater aus dem Westerwald, der in der Dillenburger Wilhelmstraße geboren wurde. 1845 war der Baron Generalkommissar des »Vereins zum Schutze deutscher Einwanderer in Texas« geworden. Das Ziel: Deutsche in Übersee ansiedeln und gehörig Profit machen.

Von Meusebach reiste kurz danach vom Westerwald in die Republik Texas. Auf dem Weg zu einem »Grant«, einem versprochenen Stück Land für die Auswanderer, die er anführte, gründete er bei einem Zwischenstopp des Trecks die besagte Stadt. Seine größte Errungenschaft war jedoch ein Friedensvertrag mit den Häuptlingen des Indianerstamms der Comanche, die unter den deutschen Siedlern als besonders blutrünstig galten. Der Baron handelte am 9. Mai 1847 ein Abkommen aus: Die Indianer gaben den Deutschen Jagdbeute, und zurück gab es Feldfrüchte – also eine Win-win-Situation für alle. Der Vertrag ist bis heute gültig. Grund genug für die Einwohner von Fredericksburg – die Stadt benannte von Meusebach nach Prinz Friedrich von Preußen –, diesem Anlass mit einem Feiertag zu gedenken.

Der Westerwälder galt als humanitärer und liberaler Verwalter mit Respekt für die Gegebenheiten. Daraus resultierte wohl, dass die Fredericksburger die Sklavenhaltung strikt ablehnten – ganz im Widerspruch zur gängigen Auffassung in Texas. Außerdem war von Meusebach »Mädchen für alles«: Er machte sich als Senator, Botaniker und Geologe einen Namen – aber auch als zuverlässiger Postmeister.

Adresse Wilhelmstraße 16, 35683 Dillenburg | ÖPNV zum Bahnhof Dillenburg, danach 10 Minuten zu Fuß | Anfahrt von der A43 auf die B277, danach auf die Frankfurter Straße und die Straße Am Untertor, dann auf die Wilhelmstraße | Tipp Mit der Villa Grün gibt es in Dillenburg ein bedeutendes wirtschaftsgeschichtliches Museum mit zahlreichen Wanderausstellungen.

23 Das »Stille Örtchen«

Ein Holz-Klosett für dringende Angelegenheiten

Wer kennt es nicht, das »Ewige Eis« an der Dornburg. Dort gibt es einige unterirdische Stollen, die sozusagen im Permafrostmodus sind. Durch ein bizarres Zusammenspiel von guter Isolierung und eisigen Winden ist es dort immer bitterkalt, und das selbst im heißesten Sommer. Der ideale Ort für eine Brauerei, denn Bier schmeckt kalt am besten. Die existiert heute nicht mehr, die Brauerei brannte 1869 lichterloh ab. Doch die Geschichte fasziniert immer noch Tausende Besucher pro Jahr. Und Freunde der »Hopfenkaltschale« wissen, dass ab einem gewissen Punkt des Genusses die Sehnsucht nach einer sanitären Anlage geradezu drückend ist.

Vielleicht wusste dies auch der Erbauer des Klohäuschens gleich neben der Dornburg. Dieser Künstler möchte unbekannt bleiben, aber seine (oder ihre) Kreativität wird viel bejubelt. Es ist aber auch zu schön: Ein alter Baumstamm mit Loch dient als Schüssel, die durch eine (hochgeklappte) Brille ergänzt wird.

Daneben ein eigens gebastelter Toilettenpapierhalter mit frischem Wischmaterial. Und falls das nicht ausreicht, hängt dort noch eine alte Zeitung, die wohl eher als Lektüre bei einer allzu langen Sitzung dienen dürfte. Auch an »nächtliche Austreter« wird gedacht.

Denn gleich auf dem Halter sorgt eine Kerze für Helligkeit. Gedanken um den Brandschutz braucht sich niemand zu machen; dieses Kerzchen ist aus Holz gefertigt und ein kleines Schmuckstück. Ein weiteres beliebtes Fotomotiv ist das ausgeschnitzte Holzherzchen, das man von Türen von alten Plumpsklos kennt.

Apropos Tür: Abschließbar ist das Freiluftklo nicht, die Privatsphäre ist also auf ein Minimum reduziert. Die ist auch nicht nötig. Es dürfte sich wohl um eine Lüge handeln, wenn jemand behauptet, dieses ökologisch einwandfreie Klo wirklich benutzt zu haben. Aber als luftige Kunstinstallation ist es auch deutlich lustiger. Wer vorbeiwandert, kann sich gerne an diesem humorigen Örtchen erfreuen. Und das geht am besten mit einem Westerwälder Bier in der Hand.

Adresse 65599 Dornburg | ÖPNV HLB von Westerburg nach Wilsenroth, von dort zu Fuß weiter | Anfahrt von Westerburg auf die L288, dann auf die L302 und die L321, rechts auf Parkplatz Richtung Dornburg | Tipp Nicht weit entfernt liegt die Basaltschlucht mit interessanten geologischen Formationen.

24 Der alte Brunnen

Das mysteriöse Anhängsel der Sporkenburg

Sie ist das wohl bekannteste Wahrzeichen des Ortes Eitelborn: die mächtige und imposante Sporkenburg. Die Festung – es handelt sich um eine Spornburg, also eine Burg unterhalb einer Bergkuppe – aus dem späten Mittelalter hat eine spannende Geschichte und ist sehr gut erhalten. Darum kümmert sich das Landesamt für Denkmalpflege Rheinland-Pfalz, und das schon seit den späten 1960er Jahren. In jener Zeit wurde mit der Restaurierung der beeindruckenden Wehr- und Wohnanlage begonnen.

Und bereits zu diesem Zeitpunkt plätscherte nur wenige Meter entfernt ein besonderer Brunnen. Die Anlage fristete in der Nähe der Burg ihr Dasein, und die Wasserfontäne spritzt auch heute noch empor. Dafür sorgt der Verkehrsverein Eitelborn, dessen Ehrenamtler den Brunnen in Schuss halten. Doch was die Verschönerer hier genau pflegen, ist selbst den Vereinsmitgliedern ein Rätsel. Denn warum der Brunnen entstand oder wer ihn erbaut hat, ist unklar. Auch dem Vereinsmitglied Tanja Nußbaum: »Wir vermuten, dass der Brunnen in den 1950ern entstand«, erzählt sie. Aber die Geschichte dahinter? Unbekannt. Zeitzeugen, die von dem Brunnenbau berichten könnten, gibt es keine mehr.

Und auch das Eitelborner Dorfarchiv sorgt bei Recherchierenden für ein großes Fragezeichen. Niemand machte sich vor über 70 Jahren die Mühe, auch nur einen Satz über die Anlage festzuhalten. So hinterlässt der Brunnen, der ein wenig an die typischen kitschigen Wasserspiele in Kurstädten wie Bad Ems erinnert, lauter offene Fragen.

Jeder Hobbyhistoriker ist also eingeladen, dem geheimnisumwitterten Brunnen mit der verblichenen türkisfarbenen Bodenbemalung seine Rätsel zu entlocken. Das Wichtigste ist jedoch: Er wird nicht vergessen oder seinem Schicksal überlassen. Für den Brunnen ohne Geschichte planen die Eitelborner eine gemütliche Sitzbank. Auch über einen Hotspot für Geocacher wird nachgedacht.

Adresse 56337 Eitelborn | ÖPNV Bus 551 ab Bad Ems | Anfahrt über die L329 von Arzbach beziehungsweise Bad Ems nach Eitelborn | Tipp Wer es sportlich auf zwei Rädern mag, kann den Bikepark im nahen Bad Ems besuchen.

25 Die alte Zigarrenfabrik

Eine Tabakmetropole dank fleißiger Frauen

Im Eitorf des 19. Jahrhunderts wurde mächtig gequalmt. 1867 entstand am Eichelkamp eine Fabrik für erlesene Zigarren. Die niederländische Familie Philips stampfte das Werk aus dem Boden, da es am Stammsitz in Aachen nicht genug Arbeitskräfte gab. Egal, ob es um das Schneiden, Legen oder Rollen der Tabakblätter ging – Frauen waren prädestiniert für den Job, auch weil Männer einen höheren Stundenlohn bezogen. Frauen gab es in Eitorf zuhauf, die Arbeitsplätze waren begehrt. Positiver Nebeneffekt: Im nördlichen Westerwald tuckerte die Eisenbahn, was einen logistischen Vorteil brachte.

Das Geschäft boomte. Aus dem Stand wurden 200 Damen zur Fabriksarbeit angeheuert, schon 1871 monierte der damalige Bürgermeister, dass die nunmehr auf 300 aufgestockte Arbeiterinnenzahl kaum mehr reiche, alle Aufträge abzuarbeiten. Eitorf kam in den Genuss eines lokalen Wirtschaftswunders, und auch Fabrikchef Ludwig Philips profitierte davon. So ließ er sich eine Villa neben der Zigarrenmanufaktur errichten. Weißer Marmor und prächtige Reliefs zeugten vom Wohlstand. Das lockte zahlreiche andere Zigarrenfabrikanten, so siedelte sich auch die Firma Keysers im Ort an.

Als Ludwigs Bruder Gustav starb, hatte der Unternehmer die Nase voll vom Eitorfer Qualm. Er zog zurück nach Aachen. Ein Schlag für die örtliche Wirtschaft. Die Blase der Zigarren-Economy platzte. Die Arbeiterinnen, die von Beginn an in den Zigarrenwerken angestellt waren, wurden zu alt, um ihre Arbeit zu verrichten. Und die Villa? Die wurde 1939 an den Viehhändler Julius Pott verscherbelt, der sie sich in den Kriegsjahren mit illustren Gästen wie dem Personal eines Zirkus teilen musste. 1969 wurde der Prunkbau abgerissen. Ein stolzes Überbleibsel der Zigarrenzeit stellt das Werk in der Schümmerichstraße dar. Das gehörte nicht Philips, sondern dem Manufakteur Keysers. Sehenswert ist die Industrieruine aber allemal.

Adresse Schümmerichstraße 1, 53783 Eitorf | ÖPNV mit dem RE9 von Au (Sieg) | Anfahrt B8, dann auf L86 und Asbacher Straße | Tipp In Eitorf sind die bekannten Silikatfelsen zu sehen, die sich in einem Naturschutzgebiet befinden.

26 Das Pflanzer-Denkmal

Erinnerungen an den »Retter des Westerwaldes«

Es gibt ein spezielles Lied über den Westerwald, das wohl jeder kennt. »O du schöner Westerwald, über deine Höhen pfeift der Wind so kalt«, heißt es dort in einer Zeile, die auf anschauliche Art diese besondere Region beschreibt. Soll bedeuten: Es ist bezaubernd hier, doch es zieht wie Hechtsuppe. Möglicherweise pfeift der Wind gar nicht kälter als in anderen Mittelgebirgen, doch der Wind hatte für die Landwirtschaft in früheren Jahrhunderten eine besondere, negative Bedeutung. Durch den in der Tat recht strammen Zug wurden die Böden erodiert.

Das Resultat war, dass kaum eine Feldfrucht auf den kargen Äckern vernünftig gedeihen wollte. Ein Problem, das nur von einem echten Fachmann gelöst werden konnte. Zu Zeiten des Herzogtums Nassau, in der Mitte des 19. Jahrhunderts also, wurde der fränkische Agrarwissenschaftler Wilhelm Albrecht geschickt, um die mangelhaften Ernteerträge im Westerwald unter die Lupe zu nehmen. Der Landwirtschaftsexperte erkannte schnell, dass der scharfe Wind einer profitablen Ernte abträglich war. Und ebenso schnell hatte Albrecht eine Lösung parat. Er ließ sogenannte Schutzhecken aus Fichtenstreifen anpflanzen. Et voilà: Die Nadelbäume brachten den gewünschten Windschutz, und fortan sprossen Korn und Gemüse auf den Äckern, als wäre nichts gewesen.

Großer Dank war ihm gewiss: Noch heute wird er als »Retter und Wohltäter des Westerwaldes« bezeichnet. Darum wurde in Emmerichenhain, seinem Wirkungsort, ein großes Denkmal inklusive eines metallenen Abbilds Albrechts aufgestellt. Dies geschah schon 1879, Albrecht selbst starb 1868 in Rothenburg ob der Tauber, seiner Heimatstadt. Reste dieser Schutzhecken sind bis heute zu sehen, auch wenn der Borkenkäfer in den trockenen Sommern der letzten Jahre schwere Schäden unter den Fichten angerichtet hat. Eine Entwicklung, mit der Ernteprofi Albrecht sicher nicht gerechnet hat.

Adresse Siegener Straße, 56477 Emmerichenhain | ÖPNV Bus 480, 483 und 484 von Rennerod nach Emmerichenhain | Anfahrt über die B54 ab Rennerod | Tipp Wenige Kilometer östlich von Emmerichenhain befindet sich die Breitenbachtalsperre.

27 Die alten Grenzsteine

Wenn der Bauer Grenzen zieht

Für Historiker war es eine Sensation: Mitten im Wald bei Emmerzhausen, auf dem »Höllenkopf«, wurde 2016 ein Dutzend alter Steine gefunden. Der Erhaltungszustand reichte von »total kaputt« bis »super in Schuss«. Ihr Zweck scheint klar: Es sind Grenzsteine. Der Eindruck verstärkt sich, liegen sie doch heute im Grenzgebiet der Bundesländer Rheinland-Pfalz und Nordrhein-Westfalen. Doch was begrenzten sie? Und wann wurden sie dort hingesetzt? In den letzten Jahren gelang es, das Rätsel um die Steine zu lüften. Inschriften machten es möglich. So sind an manchem Brocken die Buchstaben S und A gut zu lesen. Auch zwei G, ein N und ein O sind sichtbar. Es bestehen Lösungsansätze: Es könnte sich um die Grenzsteine der Grafschaft Sayn-Altenkirchen handeln. S und A wären somit geklärt. Wofür die beiden Gs stehen, ist nur für Eingeweihte zu lösen.

Im 17. Jahrhundert hieß eine Grenze im damaligen Sprachgebrauch »Grenzgang«. Und N und O sind möglicherweise die Abkürzung für »Nummer«. Falls das so stimmt, ist das Jahr des Setzens sehr gut datierbar. Denn als eine Kommission im Jahre 1749 die Grenze abschritt, monierte diese, dass der letzte Kontrollgang der Steine vor 50 Jahren, also 1699, stattgefunden habe. Die Steine waren zu diesem Zeitpunkt also bereits nicht mehr an ihrem eigentlichen Platz. So rekrutierte die Reichskommission ortskundige Menschen, die sich an die ursprüngliche Grenzziehung erinnerten. Kurz entschlossen setzten sie die gravierten Steine dorthin, wo sie es für passend erachteten, und somit zurück an die Grenzen von 1699, kurz nach der Gründung der Grafschaft.

Dass Grenzsteine damals gern wanderten, hatte durchaus pragmatische Gründe. Störte ein Klotz einen Landwirt beim Mähen, wurde der Stein dorthin versetzt, wo er nicht mehr nervte. So konnte der Bauer arbeiten, verschob aber gleichzeitig die Grenzen zweier stolzer Grafschaften.

Adresse Höllenkopf, 57520 Emmerzhausen | ÖPNV Bus 277 ab Daaden | Anfahrt von der B54 auf die L911, dann südlich halten Richtung Stegskopf, Höllenkopf östlich davon | Tipp Der Höllenkopf ist nicht zu verwechseln mit dem Höllkopf, ebenfalls eine markante Erhebung. Der liegt allerdings bei Driedorf.

28 Die Skihütte

Eine Keimzelle des Wintersports

Schnee ermöglicht viele Sport- und Freizeitaktivitäten. Doch für die Menschen im Westerwald war er einst nur ein zusätzliches Übel im ohnehin schweren Alltag. Die Annehmlichkeiten der weißen Pracht wurden in Rheinland-Pfalz erst zu Beginn des letzten Jahrhunderts richtig entdeckt. Der in Neuwied geborene Siegfried Koch gilt als Pionier des Wintersports im Westerwald. Einer seiner Ausflüge führte ihn nach Emmerzhausen, wo er den Lehrer Peter Hoffmann traf. Beide freundeten sich an und realisierten ab 1912 eine Unterkunft für Wintersportler am Stegskopf. Mit 654,4 Metern ist dieser die zweithöchste Erhebung des Westerwaldes. Der Hütte folgten nur kurze Zeit später eine Rodelbahn und eine erste Skisprungschanze. Damit waren die Grundsteine für eine erfolgreiche Entwicklung gelegt, die erst mit dem Zweiten Weltkrieg jäh unterbrochen wurde.

Ohne Übertreibung kann man Emmerzhausen als Keimstätte des Wintersports im Westerwald und in Rheinland-Pfalz bezeichnen. Leider verfiel die nach ihrem Erbauer benannte Siegfriedhütte nach der Übernahme des Truppenübungsplatzes Daaden durch die Bundeswehr. Sie wurde daher im Jahr 1958 zurückgebaut. Als Ersatz wurde durch den 1955 gegründeten Skiverein Stegskopf Emmerzhausen e.V. die Skihütte »Auf der Stirn« errichtet. Nur drei Jahre später konnte der Verein vor mehr als 5.000 Zuschauern eine neue Skisprungschanze eröffnen. Deren Betrieb musste jedoch Ende der 1960er Jahre aus Sicherheitsgründen eingestellt werden.

Die auf einer Höhe von 534 Metern gelegene Skihütte bietet nach wie vor einen wunderschönen Ausblick in die Landschaft. Emmerzhausen ist nicht nur durch den Wintersport überregional bekannt: Auch das Lied »O du schöner Westerwald« hat dort seinen Ursprung. Der Marsch wurde an einem Novemberabend des Jahres 1932 in einer Holzbaracke des Arbeitsdienstes getextet und später mit der weltbekannten Melodie versehen.

Adresse 57520 Emmerzhausen | **ÖPNV** Bus 277 und 455 ab Daaden | **Anfahrt** Skihütte am besten fußläufig über einen an einer Biegung der L280 beginnenden Waldweg erreichbar | **Tipp** Im circa 14 Kilometer entfernten Naturschutzgebiet Rabenscheider Holz markiert ein Grenzstein am Ketzerbach das Zusammentreffen der drei Bundesländer Hessen, Nordrhein-Westfalen und Rheinland-Pfalz.

29 Die Stöffel-Maus

Gleitflug in die Vergangenheit

Was ist klein, haarig und konnte super fliegen? Nein, eine Fledermaus ist nicht gemeint. Aber die Richtung stimmt: Es handelt sich um die Stöffel-Maus, die vor etwa 25 Millionen Jahren ihre Runden in luftiger Höhe drehte. Gelebt hat das possierliche Tierchen auf und an der großen Basaltkuppe beim heutigen Ort Enspel, die Stöffel genannt wird. Dem Abbau des kostbaren und nützlichen Basalts ist es zu verdanken, dass die Maus wieder das Tageslicht erblickte. Im Laufe des 20. Jahrhunderts wurde aus dem Stöffel ein mächtiger Steinbruch, der viele Jahrzehnte später das Interesse von Archäologen weckte. Im Jahre 1992 gelang der Sensationsfund. Die Stöffel-Maus wurde als perfektes Fossil mitsamt Haut, Haaren und Darminhalt entdeckt. Dieser Detailreichtum ließ einige Rückschlüsse auf die Lebens- und Fortbewegungsweise des Taschennagers zu, zu deren Gruppe die winzige Maus aus dem urzeitlichen Westerwald zählt. Mit ihren dünnen Flughäuten zwischen Vorder- und Hinterläufen war sie in der Lage, weite Strecken gleitend durch die Luft zu fliegen.

Diese Erkenntnis war bahnbrechend, fand man von den Verwandten der Stöffel-Maus doch bisher nur kleine Zähnchen. Die Flugfähigkeit war wohl auch am Ableben des Tierchen mitbeteiligt. Es besteht die Theorie, dass der Nager aus dem Tertiär bei starkem Wind auf einen See gepustet wurde und dort ertrank. Evolutionstheoretisch war die Nagetierart *Eomys quercyi*, so der Fachname, ebenfalls nicht von Dauer. Vor etwa drei Millionen Jahren verschwand sie und starb aus.

Im heutigen Stöffel-Park, der als Freiluftmuseum die Besucher auf eine Zeitreise durch die letzten Jahrmillionen einlädt, sind neben der Maus weitere Fossilien ausgestellt. Hasen, Kormorane und fleischfressende Otter hatten dort einst ihr Zuhause. Und wie so oft im Westerwald kommen auch die Themen Industrie und Bergbau im Stöffel-Park nicht zu kurz.

Adresse Stöffelstraße, 57647 Enspel | **ÖPNV** RB90 von Hachenburg nach Enspel | **Anfahrt** von Hachenburg der L288 nach Alpenrod und Nistertal folgen, dann über die L281 nach Enspel, dort von der Nistertalstraße auf die Stöffelstraße | **Öffnungszeiten** 1. März–31. Okt. Di–Do 10–17 Uhr, Fr–So 10–18 Uhr, Mo Ruhetag | **Tipp** Der Ort Alpenrod liegt ganz in der Nähe. Dort ist ein Figurentheater beheimatet – ein Spaß vor allem für jüngere Besucher.

30 Der Stein am Schwedensteg

Zeugnis einer grauenhaften Tat

Kam es in der Geschichte Deutschlands zum Krieg, blieb der Westerwald niemals davon verschont. Egal, ob es sich um den Ersten oder den Zweiten Weltkrieg handelte oder um den Durch- oder Rückzug der Soldaten Napoleons – irgendwas war immer. Doch es gibt Gemeinden, in denen eine ganz andere Auseinandersetzung noch sehr präsent ist. Von 1618 bis 1648 tobte der Dreißigjährige Krieg in Europa und brachte Leid und Tod mit sich. So auch in den Gemeinden Eppenrod und Nentershausen. Am Ende des drei Jahrzehnte lang währenden Konfliktes zogen schwedische Soldaten über den »Schwedensteg«, ein kleines Brückchen, das heute Teil eines gleichnamigen Wanderweges ist. Damals soll Grauenhaftes geschehen sein: Die Soldaten aus Skandinavien trieben die Zivilbevölkerung aus den beiden Dörfern in einem nahe gelegenen Tal zusammen und richteten ein Massaker an. Laut Überlieferung töteten die Soldaten nahezu alle Bewohner. Warum das Blutbad stattfand, ist nicht dokumentiert. Und auch nicht, ob diese Geschehnisse sich tatsächlich ereigneten. Es wäre denkbar, dass durch diese Geschichte der Feind aus Schweden dämonisiert werden sollte. Aber das ist nur eine Vermutung. Fakt ist, dass die beiden Orte furchtbar unter den Kriegswirren litten. 1643 hatte der berühmte Graf und Feldmarschall Peter Melander von Holzappel die Ländereien erworben und sie zur freien und reichsunabhängigen Grafschaft Holzappel erhoben. Den Segen dazu hatte der Kaiser persönlich gegeben, doch gebracht hat es nichts. Ein Großteil der Häuser wurde im Krieg zerstört.

An das vermeintliche Massaker durch die Schweden erinnert heute ein Gedenkstein, der fast exakt auf der Ortsgrenze der beiden Gemeinden liegt. Der Stein mit Inschrift und Gemeindewappen wurde 2003 eingeweiht. In diesem Rahmen wurde auch der Schwedensteg renoviert, der vor der Sanierung ein eher baufälliges Dasein geführt hatte.

Adresse 65558 Eppenrod | ÖPNV Bus 575 von Diez | Anfahrt A3, Ausfahrt Diez, in Nentershausen auf die L318, dann auf die L325, ab Heilberscheider Straße zu Fuß unter ICE-Strecke durchgehen | Tipp In Eppenrod wurde Ende der 90er Jahre eine historische Bibel aus dem Jahr 1693 gefunden, die auf Anfrage besichtigt werden kann.

31 Die Steinkammern

Unerforschte Korallenriffe tief im Westerwald

Wie kommt ein ausgewachsenes Korallenriff in den Westerwald? Ein Tipp: Die Frage werden eher Urzeitforscher als Ozeanologen beantworten können. Vor vielen hundert Millionen Jahren war dort, wo heute der Westerwald liegt, ein riesengroßes Meer. Dort gediehen auch Korallen, und zwar in Massen. Deren kalkige Überreste sind heute noch immer zu sehen. Ein Beispiel sind die beiden Steinkammern bei Erdbach. Die Große Erdkammer ist das, was der Name vermuten lässt: eine Kammer im Fels, also eine Höhle. Irgendwann muss sie eingestürzt sein. Davon zeugen die wuchtigen Felsbrocken im Eingangsbereich.

Trotzdem sind einige der kleinen Gänge begehbar, wenn auch nur teilweise. Denn ab ein paar Metern wird aus dem kalkigen Untergrund ein Lehmboden, der das Fortkommen unmöglich macht. Aus diesem Grund ist die Kleine Erdkammer für Hobbyarchäologen auch ein bisschen interessanter, und paradoxerweise ist sie auch ein wenig größer. In dem acht Meter tiefen Gewölbe hausten einst Steinzeitmenschen. Das belegen Funde wie Ohrringe, Keramikscherben und sogar Glasperlen. Und auch ein Wendelring – ein Schmuckstück für den Hals der Frau – wurde entdeckt. Eine ziemliche Sensation, denn der Schmuck ist aus Bronze.

Wann die Vormenschen dort lebten, ist nicht mehr genau feststellbar. Irgendwann in der Frühsteinzeit ab 4400 vor Christus mag der Einzug stattgefunden haben. Der erwähnte Wendelring war allerdings eher in der Eisenzeit populär, die etwa von 800 vor Christus bis zur Zeitenwende datiert wird. Auch wenn dies alles schon viele Jahre her sein mag: Spannend sind beide Kammern. Die kleinere ist durch die mangelnde Begehbarkeit noch weitestgehend unerforscht. Möglicherweise wird irgendwann ein Archäologenteam weitere Geheimnisse entdecken. Bis dahin bleiben beide Kammern das, was sie sind: ein hochinteressantes und für den Westerwald einmaliges Höhlensystem.

Adresse 35767 Erdbach | ÖPNV Bus 510 nach Uckersdorf, von dort weiter mit Bus 515 | Anfahrt ab Herborn über die B255, dann über Schönbach und Breitscheid Richtung Erdbach, ab Ortsmitte der Straße Mühlbach folgen, dann südlich halten | Tipp Das »Erdbachium« im selben Ort widmet sich interessanten archäologischen und geologischen Themen.

32 Der Tunnel

Der unbekannte Anhang einer Brücke mit Weltruhm

Die Ludendorff-Brücke war eine besondere Rheinquerung für die Eisenbahn, denn sie entstand nur aus einem einzigen Grund: aufgrund des Kriegs. Im Ersten Weltkrieg erbaut und im Zweiten Weltkrieg zerstört, erlangte sie als taktisch höchst nützliche Verbindung des linken Rheinufers mit dem rechten Weltruhm. Dies nicht zuletzt aufgrund der berühmten Verfilmung »Die Brücke von Remagen«, in der die Brücke und deren missglückte Sprengung durch die Nazis sowie die Versuche der Rheinüberwindung durch die US-Amerikaner die Hauptrolle spielen.

Die Brücke wird zwangsläufig mit Remagen assoziiert. Gut, es gibt am diesseitigen Brückenkopf auch ein ziemlich bekanntes Friedensmuseum mit Denkmal und markanten Ruinen. Doch medial und historisch wird wenig beachtet, dass die Brücke auch das Ahrtal mit dem Westerwald verband. Auf der östlichen Rheinseite zeugen bis heute Spuren davon. Eine davon ist der Tunnel unterhalb der Erpeler Ley. Der Schacht wird als Kulturlocation genutzt – aber stets mit einem gehörigen Bezug zur Geschichte. So führte hier der heimische Kulturkreis »ad Erpelle« die Bühnenadaption der Geschehnisse um die Remagener beziehungsweise Erpeler Brücke auf. Der Verein ist auch Besitzer des Stollens, der tief in den Erpeler Basalt gegraben wurde. Für den symbolischen Preis von einem Euro kaufte man der Deutschen Bahn den Tunnel ab. Auch der kultige Amateurregisseur Wolfgang Arends aus Ahrweiler drehte hier einen Antikriegsfilm.

Das Besondere am Tunnel ist sein Zustand. Während am linksrheinischen Part kräftig gewerkelt wurde, ist der Teil auf der Westerwälder Seite weitestgehend im Originalzustand erhalten geblieben.

Möglicherweise wird die alte Brücke sogar irgendwann wieder reaktiviert. Aber diesmal sollte der Zweck völlig ziviler Natur sein. Es bestehen Planungen, eine Fußgänger- und Radfahrerbrücke von Remagen nach Erpel zu bauen.

Adresse nahe Bergstraße, 53579 Erpel | ÖPNV RB27 bis Erpel | Anfahrt von der B42 auf die Bahnhofstraße, danach auf die Bergstraße | Tipp Die Erpeler Ley eignet sich hervorragend als Wanderziel. Außerdem hat man von hier eine tolle Aussicht auf den Rhein.

33 Die Wüstung Rockenfeld

The Westerwälder Way of Life

Was hat der Westerwald mit New York City zu tun? Zugegeben, auf den ersten Blick nichts. Doch die Geschichte einer berühmten Familie verknüpft beide Orte. Es sind die Rockefellers, die berühmten Philanthropen aus den Vereinigten Staaten. Ihre Spuren könnten kaum unterschiedlicher sein. Während mitten in Manhattan das gigantische Rockefeller Center viele der Wolkenkratzer übersteigt, liegen in »Rockenfeld« nur noch einige bemooste Steine. Ein einsames Ehrenmal sowie ein Gedenkstein ragen aus dem Wald- und Wiesengrün. Aus diesem Ort, der heute nur mehr eine Wüstung ist, stammen diese Rockefellers, die damals noch mit einem zusätzlichen »n« geschrieben wurden. Der erste »Original-Rockenfeller« trug den Vornamen Goddard und erblickte 1590 das Licht der Welt. Auf ihn geht die Dynastie zurück. Anfang des 18. Jahrhunderts wanderte sein Enkel Johann Peter nach New York aus, nannte sich kurzerhand Rockefeller und legte den Grundstein für eine klassische »Vom Tellerwäscher zum Millionär«-Geschichte.

Eine Schule, einige Höfe und elf Familien prägten damals das Dorfbild. Das war 1846, und die Einwohnerzahl sank seither beständig, besonders nach dem Zweiten Weltkrieg. Aufgrund der zunehmenden Entvölkerung sah sich der Gemeinderat 1965 gezwungen, das Dorf aufzulösen. Nur der Gastwirt Albert Grose lebte dort bis in die 1990er Jahre. Dem letzten Rockenfelder wurde ein Wohnrecht auf Lebenszeit zugestanden.

Auch wenn das Dorf Rockenfeld vergangen ist – vergessen ist es nicht. Die Junggesellen aus dem Nachbardorf Rheinbrohl feiern jedes Jahr am 1. Mai eine fröhliche Kirmes auf dem Wüstungsgelände, ein in der ganzen Region beliebtes Volksfest.

Die Anfahrt bietet eine straßenbauliche Besonderheit. Nach Rockenfeld ist die Anreise nur über die Landstraße 1 möglich, die von so manchem Bewohner des Kreises Neuwied auch als »Mutter aller Landstraßen« bezeichnet wird.

Adresse Wüstung Rockenfeld, 56567 Neuwied-Feldkirchen | ÖPNV Bus 56 ab Neuwied Bahnhof nach Feldkirchen | Anfahrt von Rheinbrohl kommend über »Im Lampental« auf K1 (nur bedingt für Pkw geeignet) | Tipp Im benachbarten Rheinbrohl werden die Glocken der Kirche St. Suitbertus zu Ostern von den »Bemmschlägern« per Hand geläutet.

34 Die Balzar-Büste

Das wilde Leben des »Capitain Noir«

Pfaffe werden wie der Vater? Nein, das war keine berufliche Option für den rebellischen Jungen, der 1769 in Höchstenbach auf den Namen Andreas getauft wurde und Balzar mit Nachnamen hieß. Schon während der Schulzeit in Herborn wilderte er lieber im fürstlichen Wildpark, statt die Schulbank zu drücken. Das Resultat: Schulverweis, Gerichtsprozess. Dem Verfahren entzog er sich durch eine waghalsige Flucht, die ihn bis nach Russland in die Armee verschlug. Dort soll es Andreas, genannt der »Balzar von Flammersfeld«, als Kapitän in die Leibwache des Zaren geschafft haben.

Wie und warum der Westerwälder in seine Heimat zurückkehrte, ist unklar. Sicher ist jedoch, dass er dort seine echte Bestimmung als raubeiniger Räuber fand. Mit einigen Kumpanen gründete er eine entsprechende Bande. Der Wendepunkt seiner Vita war wohl jener Tag, als sich ein Franzose in den Zeiten der Koalitionskriege an Balzars Frau vergehen wollte. Dies geschah wiederum in Flammersfeld, und aus dem Streit entwickelte sich eine revolutionäre Bewegung. Denn mit seinen Männern jagte er fortan Franzosen. Balzar machte sich als »Le Capitain Noir«, als schwarzer Kapitän, einen berüchtigten Namen.

Die Besatzer schnappten den Schurken mehrere Male, doch bis zum Sommer 1797 gelang ihm immer die Flucht. Ein Trupp Soldaten nahm Balzar schließlich erneut gefangen und stellte ihn erst zur Rede und dann vor ein Kriegsgericht in Westerburg. Das Urteil: natürlich schuldig. Dass Andreas nicht wie der Schinderhannes am Galgen endete, war wohl seinem Offiziersrang in der russischen Armee geschuldet. So wurde ihm die Ehre des Erschießens zuteil. Angeklagt war er eigentlich der Wilderei. Als jedoch die Soldaten das Gewehr anlegten, gestand Balzar noch die Ermordung von 21 französischen Offizieren. Durch seine »noble« Form der Hinrichtung wurde der »Balzar von Flammersfeld« fortan als Freiheitskämpfer gefeiert.

Adresse Raiffeisenstraße (nahe Gemeindehaus), 57632 Flammersfeld | **ÖPNV** Bus 120 ab Altenkirchen (stündlich) | **Anfahrt** von der B256 in der Ortsmitte auf die Raiffeisenstraße | **Tipp** Ebenfalls in der Raiffeisenstraße befindet sich der ehemalige Dienstsitz von Friedrich Wilhelm Raiffeisen, Sozialreformer und damaliger Bürgermeister von Flammersfeld. Heute ist das ehemalige Amtshaus ein Museum.

35 Das Backesmuseum

Hightech-Öfen von anno dazumal

Es gibt wohl kaum einen betörenderen Geruch als den von frisch gebackenem Brot. Noch intensiver wird es, wenn dieser Wohlduft einem Steinbackofen entströmt, gerade dann, wenn letzterer aus Tuffstein besteht. Ein solches Exemplar findet sich in Gershasen im dortigen Backes, um den herum ein ganzes Museum entstanden ist. Dass das etwas Besonderes ist, liegt ebenfalls am verarbeiteten Stein. Der leichte Tuffstein, der für den Bau des Ofengewölbes verwendet wurde, ist nicht nur gut zu bearbeiten, sondern vor allem ein idealer Wärmespeicher. Ist die Hitze erst einmal im Stein, gibt dieser die Wärme nur wohldosiert ab und hält sie enorm lange. Somit ist ein Tuffsteinofen auch wirtschaftlich betrachtet eine sinnvolle Investition. Das Rohmaterial dazu wurde im Tagebau aus einer Tiefe von bis zu zehn Metern ans Tageslicht gefördert. Frisch aus dem Berg gehauen, war der Tuff besonders formbar. Es war also etwas Eile angesagt, bevor der Stein die »Bergfeuchte« verlor.

In Gershasen wurde nicht nur gebacken, sondern dort wurden jene Öfen auch hergestellt. Die heimischen Ofenbauer hatten überregional einen hervorragenden Ruf. So sollen Gershasener Öfen bis ins ferne Fulda oder Gießen geliefert worden sein. Kein Wunder, denn eine Möglichkeit zum Backen war früher von immenser Bedeutung für Orte oder Ortsteile. In Ermangelung eines eigenen Ofens traf sich am Backes das ganze Dorf, um die Laibe in die Hitze zu schieben. Entsprechend groß musste die Kapazität sein. Und dank der guten Wärmespeicherung waren die Tufföfen auch beim Abkühlen nützlich. Dann konnte super Dippekuchen gebacken werden. Der besteht aus Kartoffeln, Speck und Zwiebeln und ergibt eine deftige Hauptmahlzeit.

Von diesen und anderen Anekdoten rund um das Leben im Backes erzählt das Backesmuseum in Gershasen. Rund 200 Exponate geben Einblick in die Ofenbauerkultur, die hier über 160 Jahre zurückreicht.

Adresse Am Backhaus, 56457 Gershasen, www.stadt-westerburg.de | **ÖPNV** Bus 481 ab Westerburg | **Anfahrt** in Westerburg über die Bahnhofstraße, dann auf die Ofenbauerstraße | **Öffnungszeiten** nach Vereinbarung | **Tipp** In Westerburg gibt es ein Museum, das sich ganz dem Thema Eisenbahnplakate verschrieben hat.

36 Die Kuschelkühe

Auf Tuchfühlung mit Klara, Käthe und Kleo

Wer Besitzer eines Hundes oder einer Katze ist, weiß: Die Tiere brauchen Liebe und davon viel. Kraulen und Schmusen stehen hoch im Kurs. Dass es aber auch Rindviechern einen wahren Wohlgenuss bereitet, richtig durchgeschmust zu werden, beweisen die Westerwälder Kuschelkühe von Kim Ramseger auf ihrem Hof in Gieleroth. Das Prinzip ist leicht erklärt: Kim geht mit interessierten Kuhkuschlern auf die Weide, und schon kann das Knuddeln mit den wuchtigen Tieren beginnen. Eigentlich war die Aufgabe der Kühe, Kälber für die Fleischproduktion zu gebären. Als eines Tages ein besonders schwaches Kalb auf die Welt kam, beschloss man, es zu pflegen statt zu schlachten. Aus dem Einzelfall wurde Standard, und alle Kühe, groß und klein, wurden von der Schlachtbank verschont und führen nun ein sorgenfreies Leben als »Kuscheltiere«.

Zwei Fakten sind wichtig. Erstens: Kühe sind nichts für Kinder. Und zweitens: Kühe riechen nicht nach Gülle. Mit kleinen Rabauken können Klara, Käthe und Kleo wenig bis gar nichts anfangen. Herumtobende Kids nerven die Hornträger mit einem Gewicht von knapp 700 Kilogramm. Viel eher wird der Typ »Gestresster Manager« bevorzugt. Kühe strahlen Ruhe und wohlige Wärme aus, und Kuhkuscheln ist ein bisschen wie Meditieren. Jeder, der von Sorgen geplagt wird, ist eingeladen, selbst eine sanfte Hand anzulegen. Und da wäre noch ein Thema, und zwar der Geruch. Nein, die Rindviecher stinken nicht. Sondern sie riechen nach einem angenehmen Mix aus Gras und Erde – Natur pur eben. Angst braucht übrigens niemand zu haben. Das Kuschelkuh-Team ist immer mit dabei.

Damit das Kuhkuscheln weitergehen kann, sind die Betreiber immer auf der Suche nach Kuhpaten. Gegen einen kleinen monatlichen Betrag können die Tiere unterstützt werden. Von dem Geld werden Futter, Einstreu oder Medikamente bezahlt, damit das sorgenfreie Leben der Tiere weitergehen kann.

Adresse 57610 Gieleroth, www.westerwaelder-kuschelkuehe.de | **ÖPNV** Bus 123 und 124 von Altenkirchen nach Gieleroth | **Anfahrt** an der B8, südöstlich von Altenkirchen in Richtung Wahlrod | **Öffnungszeiten** nach Vereinbarung | **Tipp** Auf dem nahen Herzberg lag die Herzburg. Deren Schutzwälle sind heute noch sichtbar.

37 Bildches Eich

Eine Schnapsidee mit Konsequenzen

Offenkundig war der Postillon, der in einer denkwürdigen Nacht im Jahre 1850 von Limburg kommend durch Großholbach und Wirzenborn fuhr, ein Mann, der zu Übermut neigte und dem Hochprozentigen zugetan war. Denn an der kleinen Kapelle Bildches Eich hatte der bechernde Bote die unsagbar blöde Idee, die dortige Madonnenstatue zu stibitzen. Warum er dies tat, ist nicht bekannt. Aber zu Hause angekommen, verstaute er die Figur in seiner Klamottenkiste. Seine gottesfürchtige Frau fand die Statue und rügte den diebischen Gatten. Der lachte nur und kicherte ein »Was soll schon passieren?« in sich hinein.

In der Nacht befuhr er die Route erneut. Dort, an der Kapelle, erhob sich aus der Dunkelheit eine riesenhafte Kreatur, die den Postillon mit donnernder Stimme anbrüllte, die Maria gefälligst zurückzustellen. Sonst drohe ihm Unheil. In Todesangst befahl der Angsthase seiner Frau, die Statue wieder an ihren Ursprungsort zu bringen. Sie schnappte sich ihre Nachbarin und Laternen und durchquerte zitternd den dunklen Wald.

Als die Frauen die Madonna in die Kapelle zurückstellten, kam erneut ein Brausen auf. Die Bäume ringsherum wurden wie von einer Riesenhand geschüttelt, die Luft war erfüllt von einem grausigen Röcheln. Die Frauen eilten zurück und erzählten den Dörflern die Geschichte. Die schauderten, doch am meisten gruselte sich der Postillon.

Dank dieses Erlebnisses schwor er jedem Frevel ab und lebte fortan glücklich mit seiner Frau. Ob die ihrerseits mit ihrem angetrauten Schwerenöter glücklich wurde, ist nicht überliefert. Und natürlich ist die Geschichte nur eine Legende, die dazu dient, das mysteriöse Verschwinden der Marienstatue in der Kapelle zu erklären. Gemopst wurde sie um das Jahr 1850 herum wirklich. Heute erinnert ein Schild an die Geschichte, das ganz in der Nähe der zauberhaften Kapelle Bildches Eich aufgestellt wurde.

Adresse Alter Wallfahrtsweg, 56412 Großholbach | ÖPNV ab Montabaur mittels Rufbus 442 nach Wirzenborn, von dort zu Fuß am Holbach entlang Richtung Großholbach | Anfahrt über die L313 von Montabaur nach Wirzenborn, Parkplätze in der Straße Im Gelbachtal | Tipp Viele sehenswerte Schnitzereien warten am Skulpturenweg Reckenthal bei Wirzenborn auf Besucher.

38 Die Büffelei

Auf Tour mit Tier

Was ist klug, feurig, stark und sanftmütig? Na klar, ein Büffel – weiß doch jeder! Zumindest sind dies die Charaktereigenschaften der zotteligen Horntiere, die eigentlich aus Nordamerika stammen. Stopp! Falsch! Julia Bourmer korrigiert: Der Büffel war bis ins Mittelalter auch in Europa heimisch. Was der Laie meint, ist ein Bison. Bourmer und ihre Crew haben diesen und anderen Mythen den Kampf angesagt. Das Resultat ist die »Büffelei«, eine Wohlfühlranch für die Rindviecher mit dem Riesenhörnerpaar. Auf ihrer Ranch in Großholbach kann man in Begleitung der erfahrenen Büffelexpertin die Natur des Westerwaldes erkunden. Auf klassischen Touren geht es in das benachbarte Gelbachtal – ein echtes Naturidyll.

Aber um die Umgebung dreht es sich nur sekundär. Der Fokus liegt auf dem Büffel-Mensch-Erlebnis. Beide sollen sich näherkommen. Dass die Tiere – die locker eine Tonne wiegen – auf den ein oder anderen Zeitgenossen abschreckend wirken, sei da ganz normal. Angst brauche aber niemand zu haben, weiß Bourmer, denn die eingangs genannten Wesenszüge kämen je nach Herangehensweise zum Vorschein. Hektisches Gehampel schätze ein Büffel weniger; leise Töne und sanfte Streicheleinheiten seien ihm sehr viel lieber. Kurzum: Wer guten Menschenverstand an den Tag legt, kommt bei den Tieren weiter. Mag der Büffel nicht schmusen, signalisiert er das deutlich, aber sachte. Freilich gibt es vorher eine kleine Einweisung, um die Körpersprache der Vierbeiner ordentlich deuten zu können. Und es sei ja immer jemand dabei, sagt Julia Bourmer. Besonders ist, dass Bourmer und Büffel immer nur drei, vier Gäste mitnehmen. Das individuelle Erlebnis steht im Vordergrund. Die Teilnehmer sollten allerdings das zwölfte Lebensjahr vollendet haben.

Bald gibt es ein weiteres Highlight: Künftig sollen die Touren auch einen kulinarischen Anstrich bekommen und kleine Snacks kredenzt werden.

Adresse Limburger Straße 4, 56412 Großholbach, www.bueffelei.blog | ÖPNV Bus 450 ab Montabaur | Anfahrt ab Montabaur auf die L318, wird zur Limburger Straße | Öffnungszeiten nach Vereinbarung | Tipp Der Ort grenzt an den Naturpark Nassau, bekannt durch die »Alarmstange«, den größten Hügel der Montabaurer Höhe.

39 Die Raiffeisenstraße

Auf den Spuren eines Wäller Superstars

Dass Friedrich Wilhelm Raiffeisen im Westerwald ein echter Volksheld ist, ist hinlänglich bekannt. Schließlich formte er den Genossenschaftsgedanken nach dem Motto: »Was einer alleine nicht schafft, schaffen viele.«

Weniger bekannt ist, dass Deutschlands erster Teamplayer auch Bürgermeister verschiedener Ortschaften war. F. W., wie er gern abgekürzt genannt wird, war Dorfchef von Weyerbusch, Flammersfeld und Heddesdorf, das heute ein Neuwieder Stadtteil ist. Allen diesen Gemeinden drückte er seinen ureigenen und unglaublich fortschrittsorientierten Stempel auf, vor allem auch in Sachen Infrastruktur.

Raiffeisen schuf zwischen Heddesdorf und Weyerbusch eine erste Straßenverbindung. Erstmals erwähnt wird diese sogenannte »Rheinstraße« im Jahre 1847 in einem Sitzungsprotokoll der Gemeinde Giershausen. Vater Rhein war damals die größte Verkehrsader überhaupt, und der Westerwald war noch kaum oder gar nicht für den Verkehr erschlossen. Die Westerwälder waren per Fuhrwerk unterwegs und hatten ihre liebe Mühe, ihre Waren zum nächstgelegenen Markt zu bugsieren. Die Rheinstraße mit einer Länge von 40 Kilometern kam so nicht nur sehr gelegen, sondern sie verbesserte das Leben der Einheimischen immens. Sie war ein durchdachtes Konstrukt, denn sie hatte einen frostsicheren Unterbau und einen Belag, der der Witterung gut trotzte. So war die Straße auch im Winter bei Eis und Schnee befahrbar.

Um dem fortschrittlichen Wirken des Sozialreformers ein kleines Denkmal zu setzen, wurde die heutige Straße 1984 in »Historische Raiffeisenstraße« umbenannt. Neben den erwähnten Orten tangiert die Straße auch die Gemeinden Güllesheim und Rengsdorf. Und wer möchte, kann weiter bis nach Hamm fahren – dort erblickte F. W. schließlich das Licht der Welt. In Güllesheim wartet außerdem das Antlitz Raiffeisens in kunstvoll gefertigtem Blech auf seine Fans.

Adresse Raiffeisenstraße, 56593 Güllesheim | **ÖPNV** Bus 149 ab Horhausen | **Anfahrt** von Flammersfeld über die B256 | **Tipp** Ganz in der Nähe befinden sich die Überreste der Grube Louise.

40 Die Nistermühle

Der tragische Hochzeitstag des »Dr. Weber«

Schlimmer konnte der Tag der Silberhochzeit kaum sein: Die Ehefrau war inhaftiert worden und wurde zu einer Aussage gezwungen. Der Ehemann hielt sich an einem geheimen Zufluchtsort versteckt. Und nun umstellte die Gestapo das Anwesen und begann mit dem Zugriff.

Passiert ist dies Konrad Adenauer, dem ersten Kanzler der Bundesrepublik Deutschland. Bereits vor deren Gründung hatte er eine politische Karriere gehabt. Nur wenige Wochen nach der Machtübernahme durch die Nazis war Adenauer jedoch als Kölner Oberbürgermeister und als Präsident des preußischen Staatsrates seines Amtes enthoben worden. Die Gestapo inhaftierte ihn mehrfach und stellte ihn unter Aufsicht.

Nach dem Attentat auf Hitler vom 20. Juli 1944 geriet er erneut ins Visier der NS-Schergen. Obwohl er an der Verschwörung zum Sturz des »Führers« nicht beteiligt gewesen war, wurde er im August 1944 in ein Internierungslager gebracht. Während eines Aufenthalts in einem Krankenhaus gelang ihm die Flucht. Unter dem Decknamen Dr. Weber versteckte er sich in der Nistermühle im Westerwald. Zwei Töchter Adenauers waren dort zuvor in den Schulferien als Erntehelferinnen tätig gewesen. Den Müller Josef Roedig und Konrad Adenauer verband die Mitgliedschaft in der Zentrumspartei. Bei der Durchsuchung des Anwesens am 25. September 1944 fand die Gestapo Adenauer auf dem Dachboden hinter einem Kamin versteckt. Seine Frau Gussie Adenauer unternahm wenig später einen Selbstmordversuch. Glücklicherweise überlebten beide die Nazizeit. Adenauer wurde von den amerikanischen Besatzungstruppen wieder in das Amt des Oberbürgermeisters eingesetzt. Gussi Adenauer verstarb im Jahre 1948 mit nur 52 Jahren – vermutlich auch an den Spätfolgen ihres Suizidversuchs.

An diese Ereignisse in der Nistermühle erinnert eine Gedenktafel, welche am 100. Geburtstag Konrad Adenauers im Jahre 1976 angebracht wurde.

Adresse 57627 Hachenburg | ÖPNV Bus 270 von Hachenburg in den Ortsteil Nister, dann zu Fuß weiter | Anfahrt B413 oder 414, dann auf L288 Graf-Heinrich-Straße, erste Straße links Richtung Norden, Anwesen am Mühlgraben in der Nähe der Nister | Tipp Das Landschaftsmuseum in Hachenburg zeigt die Kulturgeschichte des Westerwaldes vom 18. Jahrhundert bis in die Zeit um 1960.

41 Die Wildschweinrotte

Schwänzchen bitte ungeringelt!

Wenn der Staat oder das Land baut, ist es gang und gäbe, einen prozentualen Anteil der Baukosten der Kultur zu widmen. Dieses Prozedere nennt sich »Kunst am Bau«, und als das große Forstliche Bildungszentrum Rheinland-Pfalz 1985 modernisiert wurde, sollte dort vor der Tür der Schule eine Skulptur entstehen. So ging der damalige Leiter der Hachenburger Schule, Friedrich Esser, auf die Suche nach einem Künstler oder einer Künstlerin, um die Lehranstalt für angehende Förster aufzuhübschen. Esser fand Liesel Metten aus Nieder-Olm. Metten schaute am FBZ vorbei und beobachtete, was dort so alles passierte. Bei der Umsetzung ihrer Kunst wurde ihr freie Hand gelassen. Eine Bedingung gab es wohl: Eine Wildschweinrotte sollte es sein!

Und so legte Metten einen Entwurf nach ihrem Gusto vor – inklusive grinsender Schweinsgesichter und süßer Ringelschwänzchen. Diese Vorstellung schmeckte nicht jedem. Schließlich weiß jeder Waldhüter, dass sich ein Wildschweinschwanz nicht ringelt. Er hängt ganz schnurgerade zu Boden. Man überließ Etten trotz aller Bedenken die Gestaltung. Es entstand eine kleine Gruppe von Schweinchen aus Gussbronze und in ihrer Mitte die fürsorgliche Bache, die Muttersau, auf beiden Hinterläufen stehend und die Vorderläufe weit in die Ferne gereckt. Achim Panthel, Fachlehrer der Schule, weist ausdrücklich darauf hin, dass die Interpretation der Szene jedem Betrachter freigestellt sei. Somit liegt niemand falsch, der das Werk als Darstellung einer harmonischen Schweinefamilie mit einer sanft hütenden Mutter betrachtet.

Nicht minder abwegig sind Vergleiche der Frischlinge mit den Schülern und der Mutter mit dem Lehrkörper. Und auch ein Erinnerungssplitter an die aufrührerischen Borstenviecher aus George Orwells »Animal Farm« muss angesichts der martialisch anmutenden Pose der Schweinemutter in Richtung »vorwärts« nicht schamvoll unterdrückt werden.

Adresse In der Burgbitz 4, 57627 Hachenburg | ÖPNV vom Bahnhof Hachenburg etwa 10 Minuten zu Fuß | Anfahrt von der A3 kommend über die B413 auf die Koblenzer Straße, dann auf die Graf-Heinrich-Straße | Tipp Ganz in der Nähe befindet sich auf einer Anhöhe das sehenswerte und historisch wertvolle Denkmal gefallener Forstschüler.

42 Die Trilogie im Davidhaus

Kunst, Rätsel und Mahnmal zugleich

Über Kunst lässt sich nicht streiten, aber manchmal stellt sie den Betrachter vor schier unlösbare Rätsel. Im Falle des Davidhauses in Hamm spielt die Zahl Drei eine besondere Rolle, verwirklichte der Bildhauer Erwin Wortelkamp hier doch seine »Trilogie«. Das Davidhaus hat eine bewegte Geschichte.

Es war einst das Wohnhaus der jüdischen Familie David und heißt heute KulturHausHamm. Das Gebäude ist eine Stätte der Erinnerung und soll an die Verbrechen der Nationalsozialisten erinnern. Die jüdische Gemeinde in Hamm litt sehr unter den Gräueltaten. Die Hälfte aller jüdischen Mitbürger wurde ermordet, die Synagoge wurde zerstört. Der Ort des Gedenkens ist heute dreigeteilt in Alt-, Neu- und Zwischenbau. Dort verewigte sich der Hammer Künstler Erwin Wortelkamp mit drei Exponaten, die die Betrachter einladen, ihre Bedeutung zu entschlüsseln.

Der erste Part der Trilogie ist das »Kopfstück«, ein Stück bearbeitetes Treibholz von der Adriaküste, und sei eine Erinnerung an die »namenlosen Köpfe an der Westfassade romanischer Kirchen«, wie Wortelkamp erzählt. »Häuser haben ein Äußeres und ein Inneres – sie bergen Geschichte und geben der Zukunft Raum«, heißt es auf dem »Balken«, der im Altbau installiert ist und sich farblich an das Davidhaus anpasst. Dann wäre da noch das »Wandstück«, ein über vier Meter langes Holzfragment. Als Interpretationstipp gibt der Künstler gleich den Befehl vor: »Hand an die Hosennaht!«, lautet der harsche Tipp.

Wer sich auf die Reise durch die wechselvolle Geschichte der jüdischen Gemeinde des Städtchens an der Sieg einlässt, ist herzlich eingeladen, ebenfalls über die Mysterien der Kunstwerke zu sinnieren. Auch wenn sich Sinn und Zweck nicht bei einer flüchtigen Betrachtung erschließen, ist doch sofort erkennbar, dass der Künstler mit seiner Trilogie der Atmosphäre Tribut zollt. Denn die passt ganz wunderbar zu diesem besonderen Ort.

Adresse Synagogenplatz, 57577 Hamm an der Sieg | ÖPNV RB90 nach Au, von dort weiter mit Bus 282 | Anfahrt von der B256 kommend auf Raiffeisenstraße | Tipp Der Synagogenplatz ist ein ruhiger Ort voller Kunst. Dort ist eine weitere Eisenarbeit des Künstlers Wortelkamp zu sehen.

43 Der Schmanddippen

Das größte »Butterfass« des Westerwaldes

Wer in das schöne Dörfchen Hartenfels kommt, kann ihn gar nicht verfehlen: den Schmanddippen, das Wahrzeichen des Dorfes. Er thront auf stolzen 368 Metern über Normalnull und ist ein Bergfried mit einer Höhe von 28 Metern. Der mächtige Turm ist das sichtbare Überbleibsel einer einst stolzen Höhenburg. Ihre Geschichte ist gut überliefert. Erstmals erwähnt wurde sie in einer Verkaufsurkunde vom 19. Februar 1249. An diesem Tag wechselten die Eigentümer, und die Immobilie ging von der Gräfin Mechthild von Sayn in den Besitz des Trierer Erzbischofs Arnold II. über. Der Mann hatte ein echtes Faible für trutzige Bauten und jede Menge Feinde. Der Kauf der Burg Hartenfels sollte einem besonderen Zweck dienen: Durch die bedrohlich wirkende Festung mit ihrem mächtigen Burgfried sollte der örtliche Adel tagein, tagaus daran erinnert werden, wer in Kurtrier wirklich das Sagen hatte. Ein freundlicher Reminder aus massivem Stein sozusagen. Außerdem sicherte sie die Hohe Straße, einen wichtigen Handelsweg von Köln nach Frankfurt.

Was zu Arnolds Zeiten noch klappte, funktionierte in den Jahrhunderten danach nicht mehr. 1477 wurde die Burg sehr stark beschädigt, notdürftig geflickt und schließlich 1594 vollends zerstört. Nur noch klägliche Überbleibsel der Mauer blieben übrig – aber eben auch der Schmanddippen, der in den letzten zwei Jahrhunderten dreimal renoviert wurde.

Übrigens: Das Wort »Schmanddippen« ist mundartlich und heißt »Butterfass«. Denn für manchen Betrachter sieht er genau so aus. Der Überlieferung nach soll sich dieser Begriff spätestens in den Napoleonischen Kriegen im Kollektivbewusstsein der Hartenfelser eingebrannt haben. Damals soll es ein Gespräch inklusive eines sprachlichen Missverständnisses zwischen einer butterstampfenden Bauersfrau und einem französischen Soldaten gegeben haben, der den Bergfried in der Folge angeblich als Schmanddippen bezeichnete.

Adresse 56244 Hartenfels | ÖPNV Bus 431 von Selters nach Hartenfels | Anfahrt über B8 von Limburg nach Siegburg, dann auf die Lindenstraße und die Kirchstraße | Tipp Ganz in der Nähe von Hartenfels liegt das Naturentwicklungsgebiet Rückerother Moor. Dort gedeiht ursprüngliche Fauna.

44 Das August-Sander-Haus

Das Licht als wichtigste Ressource

Wer August Sander als bedeutendsten Fotografen des Westerwaldes bezeichnet, untertreibt maßlos. Sander war einer der wichtigsten »Lichtzeichner« im 20. Jahrhundert überhaupt. Geboren wurde er 1876 in Herdorf bei Daaden, das allein machte ihn jedoch nicht berühmt. 1925 entstand sein Fotoprojekt »Menschen des 20. Jahrhunderts« und damit ein Meilenstein der Fotografie. Das Projekt ist eine besonders authentische Charakterstudie, die Menschen zu Sanders Lebzeiten abbildete. Sein Ziel war es, die Menschen »unbedingt wahrheitsgetreu und in ihrer ganzen Psychologie wiederzugeben«, wie er einst sagte. Das Werk war gigantisch: Im Buch zum Projekt werden 619 Porträts von Menschen gezeigt, die unterschiedlicher kaum sein könnten und trotzdem ihre Gemeinsamkeit in Sanders nüchternem Stil finden. Soldaten und Bauern, Kinder und Geistliche, Rechtsanwälte und Fremdarbeiter: Keiner rührte sich, wenn Sander hinter seiner Kamera stand.

Die Menschen auf den Fotos stammten häufig aus dem Westerwald. Und dort, genauer in Hasselbach, wurde dem berühmten Fotografen ein bemerkenswertes Denkmal gesetzt. Im Kunstfreizeitpark »Im Tal« steht das August-Sander-Haus. Obwohl das Gebäude kein einziges Fenster hat, geht es doch um Sanders wichtigste Ressource: das Licht. Das Dach des klobigen und zementgrauen Kubus besteht gänzlich aus Glas. So ist der Innenraum stets mit Licht geflutet. Wunderbar entrückt passt der vollständig verputzte Würfel, der von Hanspeter Demetz entworfen wurde, in die grüne Umgebung des »Tals«.

Der Kunstpark drum herum bietet weitere sehenswerte Objekte. Über 50 Künstler setzten ihre Werke in die Natur des Westerwaldes und verwandelten so eine unberührte Fläche von über zehn Hektar in einen Park für Kunstliebhaber und einen Ort der Stille. Dazu passt ein Zitat, das August Sander zugeschrieben wird: »Wir müssen wieder lernen, mehr zu schauen und weniger zu reden.«

Adresse Schulstraße 18, 57635 Hasselbach | ÖPNV Bus 250 von Altenkirchen bis Hasselbach Schulstraße | Anfahrt von Altenkirchen über die B8 nach Hasselbach, von dort auf die Schulstraße | Tipp Nicht weit entfernt liegt das Örtchen Heupelzen. Dort steht ein Aussichtsturm, der einen Blick bis in die Eifel erlaubt.

45 Der Sportplatz

Auf Talfahrt mit dem Eisenfuß

Amand Theis traute seinen Ohren nicht. Kaum hatte der Bundesligaprofi den Ball gespielt, pfiff das Nürnberger Publikum aus Leibeskräften. Der Grund: Theis war der körperkontaktfreudige Manndecker von Borussia Dortmund und ging mit stolzer Härte in jedes Tackling. »Was soll das nur?«, äußerte er nach dem Spiel im Oktober 1978 konsterniert und gab im Nachsatz zu bedenken, dass andere Kicker noch viel brutaler seien. Der Unmut der Fans lag aber wohl darin begründet, dass Theis zuvor für den »Glubb«, den 1. FC. Nürnberg, gekickt hatte. Und an seinem Spitznamen, der »Westerwälder Eisenfuß« lautete und dem er alle Ehre machte. Er war eher ein Mann der Tat als ein Taktiker, und dieser Ruf eilte ihm voraus. Sogar Gerd Müller, der »Bomber der Nation«, soll Respekt davor gehabt haben, einmal selbst vom Eisenfuß aus Hellenhahn im Strafraum umgemäht zu werden.

Theis war in seiner aktiven Zeit eine Mixtur aus großem Glück und infernalischem Pech beschert. Sein Start in die Bundesliga war vielversprechend. Vom Westerwälder Dorfclub SV Hellenhahn ging er nach Nürnberg, zum amtierenden Meister. Dann ging es mit der Schale in der Hand erst in den Tabellenkeller und dann in die Zweite Bundesliga. Das Team stieg glanzlos ab, und Theis mit ihm – ein historisches Debakel, das bis heute seinesgleichen sucht. Am zurückhaltenden Einsatz des Eisenfußes lag es nicht, Theis galt als hervorragender Kicker. Vielmehr war es der personelle Ausverkauf durch den damaligen Meistertrainer Max Merkel, der die Talfahrt bescherte.

Der Westerwälder hatte dennoch großen Erfolg, trat für die Jugendnationalmannschaft des DFB an und kickte bis zum Ruhestand 1984 in namhaften deutschen Vereinen. Dort, wo alles anfing, auf dem Sportplatz in Hellenhahn, wird immer noch Fußball gespielt. Die Herrenmannschaft spielt heute als Spielgemeinschaft, und auch eine Damen-Elf tritt hier an.

Adresse Koblenzer Straße 2, 56479 Hellenhahn-Schellenberg | ÖPNV Bus 116 vom Busbahnhof Rennerod mehrmals täglich bis Hellenhahn Sportplatz | Anfahrt von der B255 von Herborn nach Montabaur, dann auf die Koblenzer Straße | Tipp Ganz in der Nähe befindet sich der Seitenstein, eine etwas versteckte, aber sehenswerte Basaltformation, die über kleine Wanderpfade zu erreichen ist.

46_Der Thingplatz

Theater, das für Bauchschmerzen sorgt

Historisch Kundige bringen mit dem Begriff »Thing« eine Volksversammlung oder Gerichtsverhandlung, wie es sie bei den Germanen gab, in Verbindung. An sich also keine Angelegenheit, die für Bauchschmerzen sorgt. Leider hatten die Nationalsozialisten die Angewohnheit, sich germanischer Vorbilder zu bedienen und sie für ihre bizarren Ideologien zu benutzen. Das gilt auch für das Thing. Der Thingplatz in Herchen, einem Ortsteil von Windeck, hat also mit dem Altertum nichts zu tun. 1934 errichtet, diente er den Nazis dazu, völkische Theaterspiele, die Thingspiele, einzuführen. Die Prozedur glich mehr einer Kundgebung als einem Schauspiel. Stets moralisch belehrend, wurden jene Aufführungen der Jugend präsentiert. Ob hier in Herchen wirklich ein »offizielles« Thingspiel aufgeführt wurde, ist unbekannt. Aber eine große Einweihungsfeier fand statt, das ist überliefert. Für jene Stätten – insgesamt 60 in ganz Deutschland – wurden meist naturnahe Räume gewählt, mit rauschenden Bäumen oder schroffen Felsen im Hintergrund.

Der Herchener Thingplatz wurde auf einem Bergsporn angelegt. Auch ein Kriegerdenkmal wurde dort aufgestellt. Im Grunde wirkt das Gelände wie eine Freilichtbühne aus massivem Stein, was gar nicht unschick ist. Wäre da nicht immer noch das völkische Gedankengut in der Rotunde, das immer noch gut lesbar ist. Eigentlich war die Anlage über Jahrzehnte vergessen.

Doch seitdem ein neuer Wanderweg daran vorbeiführt, geriet der Platz wieder in den Fokus – Spaziergänger wurden praktisch mit der Nase auf das dunkle Kapitel der Herchener Geschichte gestoßen. Wie auch immer die Zukunft des Platzes aussehen mag – die Geschichte der Thingspiele war schon während der Nazizeit vorbei. Das Interesse ebbte seit 1937 spürbar ab, und es wurde sich anderer Mittel wie Radio und Film bedient, um den Menschen die Ideologien des Nationalsozialismus einzutrichtern.

Adresse Höhenpfad, 51570 Windeck-Herchen | ÖPNV mit dem Zug nach Au, dann Bus 579 | Anfahrt ab Eitorf über die Herchener Straße, in Herchen auf In der Raubach, von dort zu Fuß | Tipp Sehenswert sind auch die Kölner Kanonen, zwei preußische Geschütze ganz in der Nähe.

47 Die Wagenbauhalle

Alaaf für Tausende Rosen

Gemeinhin steht der Westerwald in dem Ruf, mit Karneval eher wenig am Hut zu haben. Wer sich vom Gegenteil überzeugen möchte, sei nach Herschbach eingeladen. Gerade an Rosenmontag wird der Ort zur Kapitale des Frohsinns. Kein Scherz: Der bunte Karnevalszug ist weithin bekannt und lockt Tausende Jecken zum Jubeln an den Straßenrand. In manchen Sessionen, so heißen die karnevalistischen Wochen zwischen dem 11. November und Aschermittwoch, besuchen bis zu 15.000 Karnevalsfans den fidelen Umzug.

Möglich macht dies die Karnevalsgesellschaft Herschbach. Gegründet wurde sie 1912. Eine karnevalistische Tradition gibt es schon länger. Eine Chronik beschreibt, dass in den 80er und 90er Jahren kräftig geschunkelt wurde – gemeint sind hier aber die Jahrzehnte im 19. Jahrhundert. Vermutlich war das Erschließen der Quarzitvorkommen in der Nähe ein Motor für den Karneval. Der Wohlstand stieg, es war mehr Geld zum Feiern da. Schon damals waren die Feten legendär. Und ebenso der Konsum von selbst gebranntem Schnaps.

Dass der Rosenmontagszug so beliebt ist, ist dem Engagement der KG-Mitglieder rund um ihr liebstes Brauchtum zu verdanken. 2.000 Ehrenamtliche packen mit an, wenn es Papierröschen zu basteln gilt. Die sind in Herschbach nämlich etwas ganz Einzigartiges. 150.000 Stück werden in manchem Jahr für die Motivwagen gefertigt. Die schmucken Fahrzeuge selbst werden in der eigenen Wagenbauhalle mit handwerklichem Geschick und Detailverliebtheit zusammengezimmert. Seit 1972 werden die kunterbunten Wagen hier gestaltet und papierne Rosen gefaltet, während sich die jecken Ahnen noch mit Scheune und Feuerwehrhaus als Produktionsorten zufriedengeben mussten. Heute dient die Wagenbauhalle auch als Versammlungsort für so manche Veranstaltung, aber vor allem gilt sie als Inbegriff jecker Kreativität. Da bleibt nur noch zu sagen: Herschbach Alaaf!

Adresse Mühlenweg, 56249 Herschbach | **ÖPNV** Bus 115 ab Selters | **Anfahrt** in Dierdorf auf die B513, dann auf Wiedstraße, Hauptstraße und Bleichstraße | **Öffnungszeiten** Hauptzeit des Karnevals in Herschbach am Rosenmontag, Beginn bereits im Nov. mit den ersten Proklamationen | **Tipp** Wer Feste mag, ist im nahen Steimel gut aufgehoben: Jahr für Jahr wird dort beim Kartoffelmarkt mit dem »Hölzernen Muck« ein besonderes Schwein aus Holz durchs Dorf getrieben.

48 Das römische Kleinkastell

Ein Kleinod römischer Militärarchitektur

Der obergermanisch-raetische Limes war eine etwa 550 Kilometer lange Grenzbefestigung aus Palisaden, Erdwällen und -gräben sowie Wachstuben römischer Soldaten. Der Schutzwall begann in Rheinbrohl, endete in Hiensheim an der Donau und diente den Legionären als Bollwerk gegen die Germanen, die keiner der römischen Kaiser zähmen konnte. Da sich der Limes durch den westlichen Teil des Westerwaldes schlängelte, sind hier deutliche Spuren der Römerzeit sichtbar. So auch in Hillscheid. Dort stand ein Kleinkastell, das den dort stationierten Truppen anscheinend nur ein Mindestmaß an Komfort zugestand.

Es gab ein Innen- und ein Außenkastell, das zwar Schutz bot, aber an einer weiteren Bebauung mangelte es. Darum ist anzunehmen, dass die Soldaten trotz der eisigen Nächte Germaniens in Zelten nächtigen mussten. Wehmut nach der Sonne Italiens sollte dennoch nicht aufkommen: Wahrscheinlich waren die Stationierten selbst Germanen im Dienste des Imperiums und die meteorologischen Unannehmlichkeiten gewohnt. Immerhin: Der Aufenthalt dieser Truppen schien nur temporär gewesen zu sein. Es wird vermutet, dass sich deren Stammsitz im heutigen Koblenz befand.

Das äußere Kastell hatte eine Größe von 41,10 mal 36,60 Metern. Diese Maße überhaupt herauszufinden war eine Mammutaufgabe. Denn die Anlage war bereits bei der Entdeckung durch den Römerfachmann Friedrich Wilhelm Schmidt 1833 stark zerstört gewesen. Auch die ehrwürdige Reichs-Limes-Kommission, die 1892 ihre Arbeit aufnahm, hatte feststellen müssen, dass eine Rekonstruktion schwierig sein würde. Denn auch Glücksritter hatten sich am Kastell vergangen und das zerstört, was Wind, Wetter und die Bevölkerung, die die Steine der Wälle für den Straßenbau nutzte, übrig gelassen hatten.

Erst 1999 wurde das Bauwerk erneut archäologisch untersucht, und die Rekonstruktion gelang. Heute ist das Kleinkastell UNESCO-Weltkulturerbe.

Adresse Kleinkastell Hillscheid, 56204 Hillscheid | ÖPNV Bus 465 von Höhr-Grenzhausen nach Hillscheid | Anfahrt ab Ortsmitte Hillscheid über die Römerstraße auf den Wanderparkplatz, von dort 500 Meter zu Fuß | Öffnungszeiten jederzeit zugänglich | Tipp Nordwestlich von Hillscheid befindet sich der bekannte Limesturm.

49 Das Denkmal des Generals

Vom Volk geschätzt, vom Feind beweint

Ein brillanter Taktiker mit kühlem Kopf! Entscheidungsfreudig, intelligent, ehrenvoll! Solche Sätze fielen, wenn es um François Séverin Marceau, General im Ersten Koalitionskrieg unter Napoleon III., ging. Marceau war eine Legende. Zahlreiche erfolgreich geführte Schlachten brachten ihm Anerkennung bei den Franzosen und Ehrfurcht beim Feind ein. Marceau war für den Krieg gemacht. Dies zeigte sich besonders in Zeiten des Waffenstillstands. Dann wurde er feinsinnig, geradezu schwermütig. Glück für ihn, dass Europa zu seinen Lebzeiten ein großes Schlachtfeld war.

Sein Chef Napoleon trug den Krieg in den Westerwald, und mit ihm kam Marceau. Sein Auftrag: den Rückzug seines Kollegen Jourdan decken. Dessen Armee zog von Franken her über die Lahn in Richtung Frankreich. Es war der letzte Einsatz des nur 27-jährigen Militärgenies. Marceau wurde 1796 von einer österreichischen Kugel getroffen. Schwer verwundet brachte man ihn nach Altenkirchen, wo er zwei Tage später verstarb. »Er starb, hochgeschätzt, beweint von Soldaten, vom Bürger, vom Feind«, stand auf der Gedenktafel, die sein Adjutant dort aufstellen ließ, wo ihn der Schuss traf. Der Satz stimmte. Ein Postmeister aus Selters setzte sich dafür ein, dem General ein Denkmal zu erbauen. Auch der Feind zollte Respekt. Marceau wurde gar zum Ehrenoffizier der Armee Österreichs ernannt.

Sein Denkmal wurde zur Pilgerstätte jener, die um ihre Verluste im Krieg trauerten. Eine Sensation fand 1901 statt: Deutsche, Franzosen und Österreicher gedachten gemeinsam des Toten. Wer die Geschichte kennt, weiß, dass die Einigkeit nicht lange währte. Erst kam der Weltkrieg, später die Nazis. Letztere ließen das Monument sprengen. Es sollte nichts an den berühmten General des »Erbfeindes« erinnern. Nach der Nazizeit 1945 dachte man wieder an den stolzen Marceau und errichtete sein Denkmal, einen Obelisken, neu.

Adresse 57629 Höchstenbach | **ÖPNV** Bus 160A ab Mündersbach | **Anfahrt** ab Höchstenbach über die B8, nach wenigen hundert Metern links zum Denkmal | **Tipp** In Richtung Osten und parallel zur B8 schlängelt sich die Wied entlang. Dort ist auch der alte Wasserstollen des örtlichen Wasserwerkes zu sehen.

50 Das Wahrzeichen

Grau-blauer Gruß für Autofahrer

Manch ein Reisender, der den Niederwesterwald durchquert und sich bereits mit einem Fuß in Frankfurt wähnt, fällt auf ein Vorurteil herein: Bei dem stolzen Denkmal zur Stadtgründung Höhr-Grenzhausens handelt es sich nicht um einen »Riesenbembel« zum Genuss rauer Mengen von »Ebbelwoi«, also Apfelwein. Zugegeben: Das Fassungsvermögen wäre gigantisch, schließlich ist die Vase – denn das ist es in Wahrheit – ganze 1,30 Meter hoch und rund 300 Kilogramm schwer.

Sie erinnert an die lange Geschichte des Westerwälder Steinzeugs, der typischen blau-grauen Keramik mit Salzglasur, die schon in der frühen Neuzeit gebrannt wurde. Die umliegende Kulturregion, das Kannenbäckerland, machte den Westerwald weit bekannt.

Das Denkmal bezieht sich auf die Stadtgründung von Höhr-Grenzhausen, ein Resultat der Zusammenlegung der Gemeinden Höhr, Grenzhausen und Grenzau. Diese Reform fand am 1. April 1936 statt, und just in diesem Jahr stellte man die sogenannte »Freilandvase«, die auf den offiziellen Beinamen »Töpferstadt« hinweisen soll, auf. Seinerzeit stand das prächtige Gefäß auf grüner Flur – bis zum Bau der A48 im Jahr 1960. Das Denkmal musste verlegt werden, Wetter und Zeit hatten an der Vase genagt, sodass sie nicht zu retten war. Es war der Westerwaldverein, der 2005 eine neue Vase anschaffte und sie wieder installierte. Die Peripherie hatte sich indes etwas geändert: Das Wahrzeichen fristet nun auf einer Autobahnraststätte, einbettet in ein Rondell mit Sitzgelegenheiten, sein Nischendasein als Orientierungspunkt für Reisende. Das Wahrzeichen samt Keramiktradition wird jedoch von den Einwohnern heiß geliebt: Die Schüler pauken im »Gymnasium im Kannenbäckerland«, Seniorenzentrum und Apotheke tragen dasselbe Label. Und auch die Höhr-Grenzhäuser Karnevalisten gaben sich und ihrer Gesellschaft den Beinamen »grau-blau«, eine Anspielung auf die typische Farbgebung der Keramik.

Adresse Autobahnraststätte Grenzau, A48, 56203 Höhr-Grenzhausen | Anfahrt auf der A48 Richtung Dernbacher Dreieck, etwa 500 Meter vor der Ausfahrt Höhr-Grenzhausen, Raststätte nur aus Richtung Koblenz zu erreichen | Tipp Die interessante Töpfertradition ist in Höhr-Grenzhausen lebendig: Ein Abstecher zum Keramikmuseum lohnt sich. Ebenfalls ist in der Stadt die Fachschule für Keramik untergebracht, ein Ableger der Fachhochschule Koblenz.

51 Die Melandergruft

Ein Superstar an allen Fronten

»Ich bin ein Deutscher und noch dazu ein Westerwälder; das will so viel heißen wie zwei Deutsche!« Dieser pathetische Satz stammt vom Grafen Peter Melander von Holzappel. Und der war ein Superstar unter den Feldherren des Dreißigjährigen Krieges. Eines war wohl Fakt: Wer Melander in seinen Reihen kämpfen sehen wollte, musste zahlen. Der Mann war käuflich, und der Preis war hoch.

Geboren wurde Melander am 8. Februar 1589 in Niederhadamar. 1606 wurde die gesamte Familie in den Adelsstand erhoben und führte fortan den Namen »von Holzappel«. Nach dem Schulbesuch in Herborn genoss der junge Melander eine erstklassige Militärausbildung und kämpfte im Ausland. Schon früh galt er als Militärexperte und wurde von verschiedenen Nationen umgarnt, auf ihrer Seite in den Kriegsdienst einzutreten. Ein Höhepunkt war die Beförderung zum Generalleutnant durch den Landgrafen von Hessen-Kassel. In den Wirren des Dreißigjährigen Krieges kam es zum Bruch Melanders mit dem Landgrafen. Der Feldherr zog seinen Säbel nunmehr für andere Parteien. Schlacht folgte auf Schlacht, meist mit glücklichem Ausgang. 1641 wurde er zum Reichsgrafen von Holzappel ernannt, kommandierte ab 1645 die westfälischen Kreistruppen und ab 1647 die gesamten kaiserlichen Truppen.

Doch auch für den stolzen und eitlen Kriegsherrn gab es einen triftigen Grund abzutreten. Im Falle Melanders waren dies zwei Gewehrkugeln, die ihn während der Schlacht von Zusmarshausen trafen. Er starb am 17. Mai 1648 in Augsburg und hinterließ seine Ehefrau Agnes sowie ein gigantisches Erbe, das die Witwe dazu verleitete, das opulente Schloss Schaumburg bei Limburg zu erstehen. Seine Ruhestätte fand der Feldherr in Holzappel, genauer in der »Melandergruft« in der Johanniskirche. Melanders Erfolge als Militärgenie sind unbestritten; nicht minder legendär sind seine Arroganz und seine Gier nach Gold.

Adresse Hauptstraße 42, 56379 Holzappel | ÖPNV Bus 560 von Diez nach Holzappel | Anfahrt Johanniskirche direkt an der B417 von Diez nach Nassau | Tipp Nicht nur die Kirche ist spannend: Im Rathaus von Holzappel ist das Heimat- und Bergbaumuseum untergebracht.

52 Das Höffner-Denkmal

Der geköpfte Kardinal

Joseph Kardinal Höffner war ein bedeutsamer Mann. Als er 1943 als Pfarrer in Kail an der Mosel tätig war, versteckte er ein jüdisches Mädchen vor den Nazis und rettete ihm so das Leben. Später wurde Höffner Vorsitzender der Bischofskonferenz. Es gab also Gründe genug, dem Geistlichen in seinem Geburtsort Horhausen ein stattliches Denkmal zu errichten. Federführend war dabei ein Förderverein, der einem Künstler den Auftrag erteilte, den Kardinal in Lebensgröße aus Bronze zu gießen. Der Preis für dieses Kunstwerk war mit 160.000 Euro hoch. Dies sollte aber kein Hindernis darstellen, und das Denkmal wurde am 8. Mai 2004 der Öffentlichkeit präsentiert. Es zeigt Höffner eine Treppe heruntersteigend. Wichtig: Zeige- und Mittelfinger der erhobenen rechten Hand sind abgespreizt. Für Scherzbolde war die Geste eine Steilvorlage. Denn dorthin passte wunderbar eine Zigarette. Die Entrüstung in der Kirchengemeinde war groß, denn das Denkmal war teuer und der Mann fast heilig.

Doch es kam noch schlimmer: In einer Nacht verlor der Kardinal seinen Kopf. Ganz recht: Die Statue war geköpft worden. Ratlos nahm die Polizei die Suche nach dem Haupt auf. Schnell machten Gerüchte die Runde. Könnte es sein, dass der Künstler noch auf sein Honorar wartete? Das Denkmal sei schließlich urteuer gewesen, und ein Förderverein habe wenig Finanzmittel, kombinierte man. Könnte es gar sein, dass der Künstler den Kopf als »Geisel« genommen hatte, um endlich ausbezahlt zu werden? Die Spekulationen der Horhausener waren vielfältig. Aber wie auch immer es wirklich war, der Bronze-Kardinal wurde von seinem Sockel gehoben, repariert und wieder aufgestellt – inklusive Kopf. Was der Kardinal wohl zum Schicksal seines Denkmals gesagt hätte? Wahrscheinlich hätte er am Ende versöhnlich den wieder anmontierten Kopf geneigt – sein Wahlspruch hieß »Justitia et Caritas« – »Gerechtigkeit und Liebe«.

Adresse Kirchpark, 56593 Horhausen | ÖPNV Bus 120 von Flammersfeld zum Kardinal-Höffner-Platz in Horhausen | Anfahrt von Flammersfeld der B256 folgen, in Horhausen rechts auf die Kirchstraße | Tipp Das Denkmal steht direkt bei der Pfarrkirche St. Maria Magdalena, die dank ihres hohen Turmes auch der »Westerwälder Dom« genannt wird.

53 Die Email-Ausstellung

Sehenswerte Relikte der Blechpest

Man sagt, dass Menschen, deren Vor- und Nachname mit demselben Buchstaben anfängt, bisweilen ein wenig speziell seien – natürlich nur im positiven Sinne. Roman Runkel ist so ein Mensch. Er ist mit Leib und Seele Sammler und besitzt eine der größten Sammlungen an historischen Emailschildern in Deutschland. Im Kasbachtal hat er nicht nur seinen Wohnort, sondern auch einen idealen Ausstellungsort gefunden.

Denn für die Exponate braucht es jede Menge Platz. Ausreichend Raum bietet eine ehemalige Brauerei. Das Anwesen, dessen Nutzung bis in das 17. Jahrhundert zurückzuführen ist, war bis 1866 ein Kloster. Roman Runkel realisierte dort nach seinem Einzug eine nostalgische Welt, die zum Verweilen, Wohlfühlen, Erinnern und Träumen einlädt. Die Emailschilder sind nicht nur in dem Kolonialwaren-Geschäft, sondern auf dem gesamten Gelände anzutreffen. Man kann sich vorstellen, weshalb man Anfang des letzten Jahrhunderts von einer »Blechpest« sprach.

Email-Werbeschilder erlebten im Zeitraum zwischen 1890 und 1960 ihre Blütezeit. Die einst massenhaft produzierten Schilder wurden schließlich selbst durch Plastikerzeugnisse und andere Werbemöglichkeiten verdrängt. Sie galten als unmodern und altbacken. Heute sind originale Emailschilder gesuchte Raritäten. Runkel erkannte den Trend frühzeitig: Sein Sammelgebiet umfasste zunächst Schilder rund um die Themen Kaffee, Kakao und Schokolade von der Jahrhundertwende bis zum Jahr 1930. Nudelhölzer, Kaffeemühlen und Kaffeedosen kamen schnell hinzu. Roman Runkel sammelt jedoch nicht für den Keller. Er möchte, dass seine Ausstellungsstücke auch beachtet werden. Ganz im Sinne von Ludwig Stollwerck, der als Leiter der bekannten Schokoladenfabrik im Jahre 1893 erstmals das Emailschild für Reklamezwecke eingesetzt hatte und so den Grundstein zu dessen Siegeszug als Hinweis- und Sammelobjekt legte.

Adresse St. Severinsberg 1, 53547 Kasbach-Ohlenberg, www.alte-brauerei-kasbachtal.de | **ÖPNV** Bus 135 von Linz am Rhein | **Anfahrt** B42, Ausfahrt Kasbach, ab Kasbachtalstraße über Franz-Steffens-Straße, Anwesen außerhalb des Ortes | **Öffnungszeiten** Sa, So, Feiertage ab Mittag | **Tipp** Im benachbarten Linz befindet sich ein historischer Verladekran der Basalt AG, der an den Abbau des Gesteins im Westerwald erinnert.

54 Das Elvis-Museum

Mit Jonny Winters auf den Spuren des King

»Du kannst Jonny aus dem Westerwald holen – aber du kannst nicht den Westerwald aus Jonny holen.« Der Schöpfer dieses selbstbewussten Satzes heißt Jonny, genauer Jonny Winters. Der Mann aus Kircheib ist Elvis-Imitator und eine absolute Kultfigur. Sein Ziel: Elvis Presley unvergesslich machen. Jonny liebt den King. Wenn er mit Schmalztolle und Hawaiihemd auf Motorradtour geht, hat er meistens die Songs des King im Kopf und Ehefrau Irma auf dem Sozius. Seit den 1970ern steht er als Presley-Double mit ausladender Gürtelschnalle und breiter Schlaghose auf den Bühnen Deutschlands, denn er sieht nicht nur aus wie der King – er singt auch wie der Mann aus Memphis.

Sein Refugium hat Winters im Jahre 2014 in ein Museum verwandelt, das einzige »feste« Elvis-Museum Deutschlands, und das in der drittgrößten Verbandsgemeinde von Rheinland-Pfalz, nämlich Altenkirchen, wie Jonny stolz sagt. Schnell wird klar: Der Mix aus uriger Heimatverbundenheit und der richtig großen Bühne ist kauzig und cool zugleich. Natürlich dreht sich im Museum alles um Elvis. Hier reihen sich Fanartikel, Kultgegenstände und wahrhaftiger Kitsch aneinander, und auch der lebensgroße »Bravo«-Starschnitt darf nicht fehlen. Insgesamt sind auf unzähligen Touren durch die Vereinigten Staaten knapp 5.000 Exponate zusammengekommen.

Der Kracher: der originale Frisiertisch aus Elvis' Army-Zeit. Eine Uhr, die der King einst am Handgelenk trug, ist auch am Start, genauso wie unzählige Originalfotos. Wer sich dafür begeistern möchte, kann hier sogar eine Fete feiern. Oder mit Jonny einmal quer über den großen Teich nach Tennessee düsen. Alles möglich. Ja, Jonny lebt für Elvis. Aber auch für den Westerwald. Und der Funke springt über. Wer daran zweifelt, mag sich vielleicht die Worte eines Jonny-/Elvis-Fans zu Gemüte führen: »Eine Oase für die Seele ist Rock'n'Roll aus Jonnys Kehle.«

Adresse Röttgenstraße 6, 57635 Kircheib, www.jonnywinters.de | ÖPNV Bus 250 von Altenkirchen nach Kircheib | Anfahrt B8 Richtung Kircheib, auf die Limbacher Straße, dann auf die Röttgenstraße | Öffnungszeiten So 10–18 Uhr und nach Vereinbarung | Tipp Wer den Lifestyle der 50er Jahre mag, wird sich auch in Hachenburg wohlfühlen: Dort gibt es ein Cadillac-Museum.

55 Der Mittelpunkt der EU

Das Herz Europas schlug im Westerwald

Die frohe Kunde kam aus Paris. Die Wissenschaftler des dortigen Institut géographique national (IGN) hatten errechnet, dass sich der Mittelpunkt der Europäischen Union seit dem 1. Mai 2004 nicht mehr im belgischen Viroinval befand. Denn an diesem Tag traten zehn Länder in die EU ein, und das geografische Herz Europas wanderte nach Osten und schlug fortan in Kleinmaischeid, das über Nacht deutschlandweit berühmt wurde. Jede große Zeitung im Land schickte ihre Reporter in den Ort bei Dierdorf, um das europäischste aller Dörfer zu erkunden und seine Bewohner kennenzulernen.

Die Erkenntnis der französischen Geografen sorgte auch bei den Einheimischen für große Freude, die am 10. Oktober desselben Jahres für jedermann gut sichtbar zum Ausdruck gebracht wurde. An diesem Sonntag wurde feierlich ein passendes Denkmal enthüllt. Mit dabei war auch der damalige rheinland-pfälzische Ministerpräsident Kurt Beck, der die 3,50 Meter hohe Edelstahlfigur als Symbol für Toleranz, Weltoffenheit und nachbarschaftliche Zusammenarbeit lobte.

Die Skulptur des Künstlers Gernot Meyer-Grönhof zeigt einen Zirkel, der in eine aus Mosaiken bestehende Europakarte sticht, genau dorthin, wo sich Kleinmaischeid befindet. Umringt wird das Kunstwerk von einem Dutzend Strahlern, die die EU-Mitgliedsstaaten symbolisieren sollen. Die finden sich auch im »Kopf« des Zirkels wieder. Das Denkmal steht dort bis heute. Aber der Grund für die Errichtung hatte nicht lange Bestand. »Schuld« daran waren Rumänien und Bulgarien. Denn die beiden Länder traten zum 1. Januar 2007 in die Europäische Union ein, und fortan musste der Zirkel im hessischen Meerholz angesetzt werden. Neid braucht nicht aufzukommen: Schon längst haben die Hessen den Status als EU-Mittelpunkt verloren. Der Titel geht seit dem 31. Januar 2021 nach Veitshöchheim. Dies hat die bayerische Gemeinde dem Brexit zu verdanken.

Adresse Hauptstraße, 56271 Kleinmaischeid | **ÖPNV** Bus 117 von Dierdorf zum Bürgerhaus in Kleinmaischeid, von dort nur wenige Meter zum Denkmal | **Anfahrt** B413 von Dierdorf, wird in Kleinmaischeid zur Hauptstraße, Denkmal auf der linken Seite | **Tipp** Im benachbarten Großmaischeid finden viele tolle Feste statt, darunter Anfang September die große »Mäschder Quätsche-Kärmes«, eine Zeltkirmes.

56 Die Mülhens-Brücke

Eine Erinnerung an die »Nase von Köln«

Sie taucht wie aus dem Nichts in einem Waldstück auf. Das soll eine Brücke sein? Normalerweise führt doch ein Weg über ein solches Bauwerk. Hier im Siebengebirge verläuft er parallel dazu. Die mächtigen Natursteine könnten als Bestandteile einer Burganlage oder Stadtmauer gedeutet werden. Doch an dieser Stelle ist beides unwahrscheinlich.

Die Suche nach dem Ursprung des Bauwerks führt zu einem prominenten Erbauer: Ferdinand Mülhens. Der Unternehmer und Gutsbesitzer wurde auch »De Naas vun Kölle« genannt. Er machte die Marke 4711 und das Echt Kölnisch Wasser zum Massenprodukt. Ab 1900 nutzte er den Wintermühlenhof in Königswinter als Alterssitz.

Mülhens liebte das Siebengebirge und war von der Landschaft begeistert. Er erwarb neben der Drachenfelsbahn auch das Hotel auf dem Petersberg und die 1958 eingestellte Petersbergbahn. In seinem Auftrag wurde 1908 eine Straße zum sogenannten Milchhäuschen gebaut, welches sich oberhalb seines Anwesens befand. Im Bereich Pottscheid musste hierzu ein sumpfiges Gelände überquert werden. Eine Brücke mit über sechs Meter hohen Pfeilern wurde errichtet.

Die Bögen zwischen diesen mächtigen Stützen bestanden aus Holz. Ein Material, das bekanntlich leicht verwittert. Der Zahn der Zeit sorgte dafür, dass die Brücke bald unbenutzbar war. Mitte des letzten Jahrhunderts wurde der Bereich im Umfeld der Brücke schließlich aufgefüllt. In der Nachkriegszeit war man für solche Ablagerungsflächen dankbar. Es heißt, zum angedienten Abraum habe auch ein Auto gehört. Das Bauwerk geriet in den Folgejahren in Vergessenheit. Im Sommer 2020 entschloss man sich, die kaum noch sichtbaren Überreste der Brücke von Bewuchs zu befreien. Ohne es zu wissen, hatte Mülhens die richtige Nase gehabt, um viele Jahre nach seinem Tod in seinem geliebten Siebengebirge für eine Sehenswürdigkeit im Sinne der »Lost Places« zu sorgen.

Adresse Pottscheid 1, 53639 Königswinter | ÖPNV in Bonn die Straßenbahn 66 nehmen, ab Königswinter 1,8 Kilometer zu Fuß | Anfahrt B42, Abfahrt Königswinter, Ferdinand-Mülhens-Straße bis »Pottscheid«, von dort befestigter Waldweg zur ehemaligen Brücke | Tipp Auch die Geschichte des nahen Petersberges ist eng mit Ferdinand Mülhens verbunden. Ein Besuch lohnt insbesondere wegen der wunderschönen Aussicht auf Bonn und das Rheintal.

57 Die Weinbergschaukel

Vino-Kultur im Westerwald

Gemeinhin werden Regionen gern mit ihren typischen Getränken assoziiert. In Friesland kommt Tee auf den Tisch und in Bayern Weißbier aus dem Fass. Geht es um Drinks, ist auch der Westerwald im Biersegment ganz groß vertreten. In Hachenburg sind tolle Braumeister ansässig, und an der Sieg verzückt original Raiffeisenbier die Durstigen.

Weitaus weniger bekannt ist, dass der Westerwald auch vorzügliche Weine hervorbringt. Zugegeben: Groß ist der Flecken nicht, an dem die Reben gedeihen. Aber am westlichsten Ende des Westerwaldes, am Rhein, gibt es zauberhafte Weinberge und exquisite Winzer. Erstklassige Weingüter laden in den Weindörfern zum Besuch ein. Und der ist nie umsonst – der Wein am Rhein hat einen guten Ruf.

Ein weiteres Glanzlicht Westerwälder Weinkultur befindet sich in luftiger Höhe oberhalb des schnuckeligen Weindorfes Leutesdorf. Und die dortige mechanische Holzapparatur sorgt dafür, dass es luftig bleibt.

Mit der noch ziemlich neuen Weinbergschaukel lässt sich über die Weinberge der Winzer schwingen, mal gemächlich, mal mit kräftigem Schwung, je nachdem, wie gut es der Anschubser mit dem Schaukelnden meint. Von dort oben, von der Kuppe des Nürerkopfes, bietet sich eine phantastische Aussicht über die sanften Windungen des Rheins, die umliegenden Dörfer und natürlich die Weinberge. Romantik stellt sich von ganz allein ein, schon wegen des Ausblicks. Eine benachbarte Stele adelt den Spot mit dem Prädikat »Schönste Weinsicht Mittelrhein 2020«. Der Auftrag ist also klar. Echte Profis packen ihren Picknickkorb mit einer guten Salami mit Edelschimmel, kräftigem Käse, knusprigem Graubrot und einer guten Flasche Wein – möglicherweise vom örtlichen Winzer. Ob nach dem Genuss von Chardonnay oder Weißburgunder eine weitere »Runde« auf der Schaukel sinnvoll ist, sei jedem Gast am Westerwälder East End selbst überlassen.

Adresse nahe Nürer Weg, 56599 Leutesdorf | ÖPNV RB27 ab Neuwied nach Leutesdorf | Anfahrt über die am Rhein gelegene B42 erst auf die Hauptstraße, dann auf Neuer Weg, anschließend zu Fuß weiter | Tipp Im Ort kredenzt das Weingut Ockenfels edle Tropfen und kleine Speisen.

58 Das Dachschieferbergwerk

Von steinreichen und stroharmen Menschen

Wer im Mittelalter die wohlsituierte Bevölkerung von der gemeinen Landbevölkerung unterscheiden wollte, musste nur einen Blick auf die Dächer ihrer Häuser werfen. Denn das Bedachungsmaterial des kleines Mannes war das Stroh, und das blieb bis ins 20. Jahrhundert so. Doch auch zu jenen Zeiten, als Stroh praktisch jedes Haus im Westerwald krönte, gab es eine kostspielige Alternative: den Dachschiefer. Und der war so teuer, dass sich nur die Bessergestellten eine solche Dachbedeckung zulegen konnten. Dies waren in der Regel der Klerus und der Adel.

Bei den Mönchen in der bekannten Abtei Bad Marienstatt war dieses Material sehr begehrt, und so suchten die Brüder überall in der Kroppacher Schweiz nach geeigneten Abbaumöglichkeiten. In der Nähe des heutigen Mörsbach wurden die Mönche fündig. In der Schieferabbaustätte Assberg wurde hochwertiger Schiefer abgebaut. Es hieß, er sei so robust, dass er gute 100 Jahre die Gebäude der Mönche vor Wind und Wetter schützen werde. Um den Schiefer auf das Dach zu bekommen, wurden Dachdecker angeheuert, die seinerzeit Leyendecker hießen. Die Schieferkaul Assberg wurde erstmals 1548 erwähnt, und irgendwann zwischen 1600 und 1650 entstand ein ganzes Bergwerk. Hier wurde noch bis ins 19. Jahrhundert Schiefer abgebaut. Erst als sich die Eisenbahn durchsetzte und billigen Schiefer in den Westerwald brachte, verlor sich das Interesse an der Assberggrube. Sie wurde zweckentfremdet, zugeschüttet und gar als Kippe missbraucht. In den 1970ern flammte das Interesse der Ortsgemeinde Limbach an der Grube wieder auf, und es dauerte bis 1997, bis das Bergwerk freigebaggert wurde. Über 12.000 Eimer Schlamm und Schutt wurden von vielen Helfern aus der Grube emporgetragen. Das hat sich gelohnt: Heute können sich Interessierte ein Bild davon machen, wie in der größten Schiefergrube des Westerwaldes mühsam Steine geklopft wurden.

Adresse Assbergweg, 57629 Limbach | ÖPNV Bus 270 vom Bahnhof Hachenburg nach Streithausen Hauptstraße, von dort 1,5 Kilometer zu Fuß | Anfahrt von Hachenburg auf die L288, dann links auf die Hauptstraße abbiegen, anschließend links auf Assbergweg | Tipp Wer im nahen Hachenburg ist, kann sich dort die »Privilegierte Apotheke« anschauen, eine der ältesten Apotheken der Region.

59 Der Säuferbrunnen

150 Liter Rotwein für den durstigen Hauptmann

Wer über die wundervolle Plötze, eine kleine Piazza in der Limburger Altstadt, flaniert, wird nach dem Bewundern der urigen Fachwerkhäuser schnell über Friedrich von Hattstein stolpern. Er ist ständiger Bewohner der Plötze, und beständig ist auch sein Durst. Kein Wunder also, das der Dürstende stets ein 150-Liter-Fass voller Rotwein über sein Haupt stemmt. Aber keine Sorge: Aus dem Weinfass plätschert nur Wasser. Im Jahre 1981 wurde der denkmalartige Brunnen, der Friedrich im vollen Saft zeigt, geplant. Der »Säufer« lebte da schon lange nicht mehr. Er starb am Pfingstmontag 1363.

Doch seine Vita ist recht beachtlich. Eigentlich war Friedrich einer von der brutalen Sorte, nämlich ein Raubritter, der die Wege um das mittelalterliche Städtchen Limburg unsicher machte. Die Städter bedienten sich jedoch eines raffinierten Tricks. Um den unliebsamen Friedrich von der Straße zu bekommen, boten die Stadtchefs von damals dem Räuber einen Job als Stadthauptmann an. Der winkte wutschnaubend ab: 32 goldene Gulden waren dem berühmten Raubritter doch ein wenig zu mickrig. Unter dem Abgesang derber Beleidigungen ritt Friedrich in Richtung seiner Residenz, der Burg Eichelbach bei Hasselbach. Unterwegs kam ihm einer seiner Knechte entgegen, blutüberströmt und zerlumpt. Er brachte die Kunde, dass Burg Eichelbach soeben geplündert und gebrandschatzt worden war. In Anbetracht der drohenden Obdachlosigkeit klangen die 32 Goldgulden der Limburger nun doch nicht mehr so schlecht. Friedrich heuerte also als Hauptmann an.

Aus dem Schurken wurde ein ehrenwerter Mann, der sich in seinem Amt für die Limburger einsetzte. Sein Ruf war also wiederhergestellt. Und auch die Darstellung als Schluckspecht passt nicht so ganz. Denn 150 Liter Rotwein konnte selbst der Kraftprotz von Hattstein nicht wegstecken, deshalb heißt der Hattsteinbrunnen auch nur umgangssprachlich »Säuferbrunnen«.

Adresse Plötze, 65549 Limburg | **ÖPNV** vom Bahnhof Limburg 450 Meter zu Fuß über Hospital- und Grabenstraße | **Anfahrt** von Koblenz über die A3, dann auf die B49, anschließend auf die B8 | **Tipp** Die Fachwerkhäuser an der Plötze sind allesamt schön. Aber besonders sehenswert ist das Haus Nummer 17, das heute ein Kulturdenkmal ist.

60 Die alte Brandmauer

Brandschutz von anno dazumal

Die Stadt Linz gilt nicht nur als Bindeglied zwischen dem eher leutseligen Rheinland und dem vermeintlich sturen Westerwald. Der Ort ist auch ein »Place to be« für alle Fans mittelalterlicher Wehrbefestigungen.

Doch der Reihe nach: Linz hat in seiner langen Geschichte – erstmals erwähnt wird »Lichesce« im Jahre 873 – einige kapitale Zerstörungen hinnehmen müssen. So geriet das Städtchen in die Kriegswirren des Thronstreits zwischen Otto IV. von Braunschweig und Philipp von Schwaben. Das Resultat war im wahrsten Sinne des Wortes vernichtend: Von dem damals kleinen Linz blieb kaum ein Haus stehen.

Offenkundig zog man aus diesen Ereignissen eine Lehre und rüstete mächtig auf. Um das Jahr 1320 entstand die imposante Mauer um die »Bunte Stadt«, wie Linz genannt wird. Die Stadtmauer besteht aus heimischem Basalt und Bruchstein. Sie ist bis heute ein Blickfang, und gerade die zwei erhaltenen Stadttore sind beliebte Fotomotive. Von diesen Toren gab es einst vier Stück, heute stehen noch das Neuentor und das Rheintor. Um die Defensive weiter zu verstärken, baute der Erzbischof von Köln, Engelbert II., 1365 eine massive Zoll- und Zwingburg. Das markierte einen Wendepunkt zum Positiven. Im 14. und 15. Jahrhundert erlebte das Städtchen eine Blütezeit. Auf dem Marktplatz wurde Handel mit Wein, Stoffen und Metallen betrieben. Und jeder, der per Schiff auf dem Rhein an Linz vorbeiwollte, hatte Zoll zu entrichten.

Linz war gut abgesichert, doch einen Feind hatte man vergessen: das Feuer. 1391 kam es zu einem Inferno. Bei dem Brand wurde jedes dritte Haus vernichtet. Der Bau der Brandmauer, einer altertümlichen Schutzinfrastruktur, kam im Jahr 1582 also reichlich spät. Ein Hingucker ist die abgebrochene Wand aber allemal – insbesondere weil sie sich wunderbar in die Reihe der außerordentlich schönen und malerischen Fachwerkhäuschen in der Mühlengasse eingliedert.

Adresse Mühlengasse 17, 53545 Linz am Rhein | **ÖPNV** RB27 von Neuwied und Bonn nach Linz | **Anfahrt** von der B42 auf Am Sändchen, dort parken und zu Fuß auf Im Rosengarten, dann auf Im Stadtgraben | **Tipp** Jährlich im Oktober findet die Veranstaltung »Linz leuchtet« statt. Dann wird die Altstadt in farbenfrohes Licht getaucht.

61 Der Cadillac auf dem Dach

Pinker Lack für die Mutter des King

Es war ein trauriger Tag für alle Rock-'n'-Roll-Fans: Am 16. August 1977 starb Elvis Presley, und der King fuhr in den Himmel auf. Doch sein Cadillac, der kam nur bis aufs Dach. Und dort steht er noch heute, und zwar in Lochum im Westerwald. Logisch, es ist nicht der originale Caddy des King. Aber das gleiche Modell. Einen solchen Cadillac Fleetwood, Baujahr 1954, fuhr der Mann mit dem markanten Hüftschwung als erstes Auto. Bekannt wurde der US-Straßenkreuzer durch seinen Zweitbesitzer: Elvis schenkte das Auto herzzerreißenderweise seiner Mama.

Das Exemplar in Lochum hat sogar dieselbe Farbe: pinker Lack, weißes Dach. Eben fast so wie das Original. Geht es um das Innenleben, ist aber nichts mehr serienmäßig. Das Auto ist ausgeschlachtet, der Motor ist weg, die Scheiben auch. Somit steht nur noch das Exoskelett. Das schont die Umwelt, altes Öl, Benzin und Schmiermittel wurden akribisch entfernt. Mittlerweile hat sich der weithin sichtbare Cadillac auf dem Dach zum kleinen Westerwälder Wahrzeichen entwickelt. Im Gebäude selbst werkeln Richard und Gertrud Berg als Tüftlerehepaar mit Leidenschaft an US-Autos. Buick, Pontiac, Chevrolet oder eben Cadillac werden hier wieder flottgemacht, inklusive TÜV und AU.

Denn das Haus mit der Elvis-Kutsche auf dem Dach soll kein Museum, sondern eine echte Werkstatt sein, das ist den Bergs sehr wichtig. »Wir hatten hier schon Besucher, die wollten Kaffee und Kuchen«, schmunzeln die beiden. Schnickschnack hat es also in der Lochumer Werkstatt nicht.

Das Credo der beiden lautet: »Wir achten bei den Fahrzeugen darauf, dass sie sicher sind.« Fette Chromanbauten werden kategorisch abgelehnt, stramm sitzende Bremsen sind wichtiger. Aber für Fachsimpeleien über die gute alte Zeit der amerikanischen Automobilindustrie sind die beiden gern zu haben, gerade dann, wenn es um Elvis' legendären Cadillac geht.

Adresse Alte Poststraße 24, 57629 Lochum | ÖPNV Bus 430 von Hachenburg nach Lochum | Anfahrt ab Alpenrod über die L288, im Ortskern Lochum auf die Alte Poststraße | Tipp Ein wenig südwestlich befindet sich der Dreifelder Weiher. Ringsherum gibt es ein paar Restaurants und einen Waldspielplatz.

62 Das Dendrophon

Der Sound des Westerwaldes

Allein schon wegen seines Namens präsentiert sich der Westerwald als eine Region, in der Bäume eine erhebliche Rolle spielen. Doch eines vorweg: Das ist nicht mehr überall so. Dort, wo eine intensive Bewirtschaftung mit Fichtenmonokulturen stattgefunden hat, herrscht Kahlschlag. Der Borkenkäfer sorgte für ein Absterben der Bäume. Aber es geht zum Glück auch anders. Zum Beispiel am Wald-Klima-Weg in der Nähe von Marienrachdorf. Die Bezeichnung ist Programm: Dem Betrachter erschließen sich Ausblicke auf prächtige Bäume, und die Luft ist rein. Am Wegesrand stehen die unterschiedlichsten Arten von Bäumen. Schon Kinder sind problemlos in der Lage, unsere heimischen Arten auseinanderzuhalten. Ein patentes Identifikationsmerkmal ist die Form des Blattes oder die Form und Farbe der Rinde. Weitaus weniger bekannt ist, dass Bäume nicht nur unterschiedlich aussehen, sondern auch unterschiedlich klingen!

Die verschiedenen Sounds können ebenfalls am Wald-Klima-Weg getestet werden, nämlich am Dendrophon. Das funktioniert so: Vom Dach eines kleinen Häuschens hängen fünf Hölzer herab, die alle gleich lang sein müssen. In diesem Fall sind das Lärche, Kirsche, Esche, Eiche und Buche. Um den Stämmen »Musik« zu entlocken, muss nur nach Herzenslust draufgehämmert werden. Das funktioniert ganz passabel, hängt doch der passende Klöppel an einer Schnur gleich nebendran. Komplexe Melodien sind mit den klingenden Hölzern nicht möglich, aber ein ordentlicher Beat ist allemal zu schaffen.

Das Dendrophon bietet dabei nicht nur die Möglichkeit zur musikalischen Betätigung, sondern gibt Einblick in die Eigenarten unserer Bäume. Deshalb eignet sich das hölzerne Xylophon auch ausgezeichnet für einen Ausflug mit Kindern. Wer nur hören und nicht spielen will, hat auch dazu die Gelegenheit. Die neue Sitzbank gleich nebenan bietet Platz zum Zuhören und Durchatmen.

Adresse Wald-Klima-Weg, 56242 Marienrachdorf | ÖPNV Bus 464 ab Selters | Anfahrt von Selters über L267 und L306 nach Marienrachdorf, dann zu Fuß weiter, Dendrophon an der Wegkreuzung unterhalb des Friedhofs | Tipp Jedes Jahr findet in Marienrachdorf der »Nostalgische Weihnachtsmarkt« statt. Es gibt leckeren Glühwein, geräucherte Forellen und viele urige Stände.

63 Der Boller Mosch

Die Geschichte vom verrückten Bergmann

Matthes war einfach zur falschen Zeit am falschen Ort. Gemeint ist das Mehrbachtal in der Zeit um 1800. Matthes war ein verliebter Mann aus Altenhofen, der seine Freundin – sie hieß Evgen und wohnte in Hirzbach – besuchten wollte. Um zu seiner Herzensdame zu gelangen, musste er das Mehrbachtal durchqueren. Seinerzeit war dies ein Ort wie aus einem Horrorfilm. Ein Geist spukte durch den dichten Wald und schlug stets mit seinem Knüppel auf Bäume ein, beständig »Mosch! Mosch!« brüllend.

Dem Wesen gaben die Dörfler den Namen »Boller Mosch«, aufgrund der geschrienen Worte und des »Bollerns« gegen die Baumstämme. Eines Nachts brach Matthes von Evgen gen Heimat auf. Doch wenig später hörte seine Geliebte einen gellenden Schrei aus Matthes' Kehle. Sie schnappte sich ihren Vater und begab sich auf die Suche. Matthes lag blutüberströmt im Wald, im Sterben keuchte er die Worte »Spitzbub Gold«. Das Verbrechen rief den ehrenwerten Vincenz von Krummenscheyd auf den Plan, der ebenfalls in der Nähe lebte. Nachts legte sich Vincenz auf die Lauer, und was er sah, war gruselig. Aber es war kein Spuk! Er erspähte einen Mann, der in dunkelster Nacht wie besessen in einer kleinen Höhle, dem Goldloch, im Erdreich wühlte.

Für den Abenteurer von Krummenscheyd stand fest, dass dies der Mörder von Matthes sein musste. Er teilte seine Beobachtung mit den örtlichen Polizisten, die sofort zur Razzia ausrückten. In einer Waldhütte nahe Mehren fanden sie das vermeintliche Monster: einen offenkundig psychisch kranken Mann, der wie im Rausch nach Gold und Kupfer suchte und wohl der von Matthes erwähnte »Spitzbub Gold« sein musste. Die Spukgeschichte endete als Kriminalfall. Der wahnhafte Bergmann wurde in Altenkirchen vor ein Gericht gestellt. Die Diagnose »Schwachsinn« brachte ihn in eine Heilanstalt, sein Mord an Matthes blieb aufgrund von Unzurechnungsfähigkeit ungesühnt.

Adresse Mehrbachtalstraße, 57635 Mehren | ÖPNV Bus 254 ab Weyerbusch | Anfahrt in Flammersfeld auf die B266, dann weiter durch Orfgen und Ziegenhain, von Mehren zu Fuß Richtung Mehrbachtal | Tipp Allein das Mehrbachtal bietet tollstes Waldpanorama. Festes Schuhwerk ist allerdings empfohlen.

64 Die Ruine Kreuzkirche

Der Baum in der Kirche

Es muss eine Predigt gewesen sein, über die im nördlichen Westerwald noch lange gesprochen wurde. Philipp Melanchthon galt lange Zeit als Mitarbeiter Martin Luthers. Doch er war mehr. Er war nicht nur Kirchen-, sondern auch Bildungsreformer. Luthers Reisemöglichkeiten waren damals eingeschränkt, er war geächtet. Daher sprach Philipp Melanchthon, der eigentlich Philipp Schwartzerdt hieß, auf Reichstagen und bei anderen bedeutsamen Veranstaltungen. Was ihn in die kleine Kreuzkirche in Melsbach führte, ist nicht bekannt. Zeitpunkt und Inhalt seiner Ausführungen sind nicht belegt. Nachgewiesen sind lediglich sein Aufenthalt und seine Predigten in der Region. Die damalige Bedeutung der Kreuzkirche lässt vermuten, dass er dort zu den Gläubigen gesprochen hat.

Es gibt viele weitere Geheimnisse um die ehemalige Kirche am Ortsrand. Kreuzritter haben sie angeblich aufgesucht, um dort um Schutz auf den Kreuzzügen zu bitten. Drei Skelette fand man circa 25 Meter südlich der heutigen Ruine, als man 1895 nach Ton suchte. Auch das Alter der Kirche gibt Rätsel auf. Nicht zuletzt ihre Bauweise legt nahe, dass die Kreuzkirche bereits lange vor ihrer ersten urkundlichen Erwähnung im Jahre 1399 existierte.

Belegt ist die jahrhundertelange Nutzung als Wallfahrtskirche. Mit der Abschaffung der Heiligenverehrung und des Ablasshandels durch die evangelische Reformbewegung verlor sie jedoch ihre Funktion. Einen Glockenturm hatte das einschiffige Gebäude nie besessen. Es verfiel zunehmend. Wer die heutige Ruine betritt, staunt über einen riesigen Baum. In der Mitte der spätgotischen Gebäudereste ist dieser tief verwurzelt. Ein Symbol dafür, dass die Wittenberger Thesen die Grundwerte der Religion maßgebend verändert haben?

Der mystische Anblick, die Sagen und die ungelösten Rätsel machen die Ruine zu einem Ort, der einen bleibenden Eindruck hinterlässt. So wie Melanchthons Predigt.

Adresse Friedrich-Ebert-Straße (K106), 56581 Melsbach | **ÖPNV** Bus 160 ab Neuwied | **Anfahrt** B256, Abfahrt Melsbach, am südlichen Ortsausgang gegenüber dem Sportplatz | **Tipp** Auf dem nur wenige Meter entfernten Parkplatz befindet sich die lebensgroße Statue eines römischen Auxiliarsoldaten, eines Militärangehörigen, der einem mit Rom verbündeten Volk angehörte.

65 Die alte Viehtränke

Die Evolution eines unscheinbaren Trogs

Viele Örtlichkeiten im Westerwald unterlagen in den letzten Jahrzehnten einem Bedeutungswandel. Was einst ein Bunker war, ist heute ein Museum, und in alten Tunneln wird Theater gespielt. Eine solche kulturelle Aufwertung findet sich auch im hessischen Merenberg. Mitten auf dem dortigen Brunnenplatz steht – wie soll es auch anders sein – ein Brunnen.

Dort, wo heute die Merenberger gern sitzen, tummelten sich einst Pferd und Kuh, um ihren Durst zu stillen. Denn das plätschernde Kleinod ist eine schnöde Viehtränke aus dem 19. Jahrhundert. Heute ist es dort sehr heimelig, und die Gemeinde baute den gusseisernen Trog und die ehemalige steinerne Hofanlage drum herum zu einem schönen Treffpunkt aus. Der ist so schick, dass sogar die Verantwortlichen der Europäischen Union auf das pittoreske Arrangement aus Stein und Wasser aufmerksam wurden und ihr Herz samt Geldbeutel öffneten. Satte 70.426 Euro flossen in Form einer Zuwendung aus Brüssel nach Merenberg. Ziel der Förderung von Wirtschaft und Daseinsvorsorge: Der ohnehin bereits denkmalgeschützte Brunnenplatz soll noch prächtiger werden.

Während derzeit lediglich eine Sitzbank zum Ausruhen eine Möglichkeit der Freizeitgestaltung bietet, soll der Status als Dorfgemeinschaftsplatz weiter unterstrichen werden. Bürgermeister Oliver Jung möchte mehr Angebote zum Sitzen und Entspannen schaffen, damit auch Radfahrer oder Wanderer dort haltmachen. Die kommen durchaus zahlreich, denn die Peripherie des Dorfes ist ansehnlich.

Ginge es nach den Merenbergern, könnte der Brunnenplatz außerdem zu einem kleinen kulturellen Hotspot avancieren. Es reifen Gedanken, dort in Zukunft auch kleine Events jedweder Art durchzuführen.

Dazu müsste noch ein wenig umgestaltet und gebaut werden. Aber künftige Besucher des Ortes sollten den bereits bestehenden Veranstaltungskalender genau im Auge behalten.

Adresse Im Hof, 35799 Merenberg | **ÖPNV** Bus LM-64 ab Weilburg | **Anfahrt** von der B413 auf die Wiedstraße, danach auf die L305 und die Hauptstraße | **Tipp** Sehenswert ist die Burgruine in Merenberg. Gerade ihr weit sichtbarer Turm ist architektonisch wertvoll.

66 Der Auenlandweg

Ritter, Zauberer und gigantische Spinnen

Wer einen Ausflug in die phantastische Welt des Autors J. R. R. Tolkien wagt, reist meist nach Mittelerde. Zumindest gedanklich. Aber auch ein ganz realer Ausflug in das Auenland, die Heimat der Hobbits, ist möglich. Der Ort hier heißt nicht Mittelerde, sondern Mittelhof und liegt ziemlich zentral an der Sieg – zwischen Wissen und Betzdorf. Dort gibt es den sogenannten Auenlandweg, einen knapp drei Kilometer langen Rundweg, der vor magischen und mystischen Wesen nur so strotzt. Tollkühne Ritter wachen über den (Wester-)Wald, und überlebensgroße Magier sinnieren über ihre Zaubersprüche.

Doch Vorsicht: Nicht alles ist so harmlos wie Rittersmann oder Zauberkundiger. Gigantische Spinnen warten inmitten des dichten Dickichts und lauern auf vorbeiziehende Wanderer. Aber keine Sorge: Mannshohe Adler sondieren den Horizont nach potenziellen Gefahren. Manche Figuren hingegen werfen Fragen auf, und Tolkien-Fans sind herzlich eingeladen, Bezüge zur »Herr der Ringe«-Trilogie herzustellen. Das Besondere an diesen Figuren: Es sind alles Unikate, und sie wurden aus einem einzelnen Holzstamm geschnitzt oder vielmehr mittels Motorsäge gesägt. Das Resultat sind absolut filigrane Meisterwerke, die ihresgleichen suchen. Bemoost sind die Skulpturen nicht, im Gegenteil, sie sind sehr gut gepflegt. Dafür sorgt der Landkreis Altenkirchen mit seinen Mitarbeitern.

Der Erlebnisweg Auenlandweg ist recht neu und gilt noch als kleiner Geheimtipp. Außerdem wird die Riege der Skulpturen fortlaufend ergänzt, denn die Arbeiten sind bisher nicht abgeschlossen. Ein wiederholter Besuch kann sich also durchaus lohnen. Der Rundweg ist ideal für Kinder, leicht zu bewältigen und somit absolut familientauglich. Nur mit einem Kinderwagen sollte das Abenteuer besser nicht angetreten werden. Tipp: Der Auenlandweg versprüht seinen magischen Charme besonders an einem klaren Wintertag.

Adresse Start: Wanderparkplatz Mittelhof-Blickhausen, 57537 Mittelhof | **ÖPNV** Bus 257 von Wissen (Sieg) nach Mittelhof-Blickhausen | **Anfahrt** von Wissen nach Schönstein, dann auf die Straßen Auf dem Hüllen, Karweg und auf die K126 | **Tipp** Erfahrene Wanderer müssen es nicht bei dem Rundweg belassen, denn der Auenlandweg ist Teil des Natursteigs Sieg. Weitere Erkundungen in der Umgebung lohnen sich.

67 Der Schusterjunge

Frechheiten im Halbstundentakt

Die Einwohner mancher Städte und Dörfer haben ihren (Spott-) Namen einfach weg. Die Neuwieder werden Deichstädter genannt, die Koblenzer heißen Schängel. Die Menschen aus Montabaur nennt man Schuster. Diese scherzhafte Bezeichnung geht jedoch mit einigem Stolz einher! Denn die Westerwälder Metropole war einst das Silicon Valley der Schusterbranche. Die Tradition der Schuhmacher ist lang hier: So gab es 1787 insgesamt 54 ansässige Schuhmacher – bei nur 329 Häusern! Den absoluten Höhepunkt der Schusterzunft verzeichnete man in den Jahren 1866 bis 1868. Damals flickten und nähten 66 Schuhhandwerker an Fußbekleidungen herum.

Angesichts der bedeutenden Handwerksgeschichte ist es nur allzu verständlich, dass in Montabaur allerorts auf die Tradition hingewiesen wird.

Eine der schönsten Schuster-Personifikationen ist die Figur des Schusterjungen am Konrad-Adenauer-Platz, erschaffen vom Königswinterer Künstler Ernemann Sander. Die Bronzestatue steht genau gegenüber dem städtischen Rathaus und zeigt – rotzfrech, wie es sich für einen Schusterjungen gehört – den Mitarbeitern der Verwaltung einen Vogel. Dass der Zeigefinger halbstündlich zur metallenen Stirn und wieder zurück wandert, ist einem Mechanismus zu verdanken, der mit einer Uhr gekoppelt ist. Die Beamten können sich ihre Schmähung stets ganz pünktlich abholen. Diese Beweglichkeit im Arm wurde einst als »Weltwunder« angepriesen. Das war wohl etwas weit hergeholt. Aber die Figur, die in der anderen Hand ein paar Lederstiefel trägt, verfehlte ihre Wirkung nicht.

Als das Kunstwerk 1985 eingeweiht wurde, quittierte der damalige Erste Beigeordnete Dr. Paul Hütte den wiederkehrenden Fingerzeig mit dem Hinweis, dass es sicherlich verrückte Beschlüsse des Stadtrats gebe, die die Geste verdient hätten. Aber doch nicht alle halbe Stunde, schob der Bürgermeistervertreter launig hinterher.

Adresse Konrad-Adenauer-Platz, 56410 Montabaur | ÖPNV mehrere Verbindungen bis Bahnhof Montabaur | Anfahrt von der B49 auf die Peterstorstraße, dann auf die Kolping- und Wilhelm-Mangels-Straße | Tipp Montabaur ist eine Shopping-Hochburg. In den »Style Outlets« kommen besonders Modefreunde auf ihre Kosten.

68 Das b-05

Von Sondermunitionslagern und Kunstbunkern

Auch internationale Auseinandersetzungen gingen am Westerwald nicht spurlos vorüber. Den Beweis liefert das b-05 Kunst- und Kulturzentrum in Horressen nahe Montabaur. Dort stehen heute noch massive Bunkeranlagen aus der Zeit des Kalten Krieges, als sich West und Ost beim Wettrüsten gegenseitig hochschaukelten. Heute sind die Betonklötze aus dunklen Zeiten pittoreske Orte voller bunter Lebensfreude, die sich durch eine Symbiose mit der umliegenden Natur auszeichnen. Zumindest meistens. Andere sind ganz und gar verfallen, sie gelten als »Lost Places« aus jener Zeit, als das Weltende jederzeit Realität hätte werden können. Wild umwucherte Wachstuben der US-Armee wirken deplatziert inmitten der Natur. Und auch die alten Schlafstuben der Bundeswehr werden langsam, aber sicher vom umgebenden Grün verschlungen.

Der gleichnamige b-05 Kunstverein richtet heute in der alten NATO-Anlage Vernissagen und Jazzkonzerte, Puppentheater und Filmabende und sogar »Waldfrühstücke« aus. Dort, wo heute Kunstliebhaber gemütliche Stunden verbringen, war seit 1966 das Raketenartilleriebataillon 350 inklusive Batterien und Munition untergebracht. Und bei dieser Munition handelte es sich um die atomaren Kurzstreckenraketen »Sergeant« und »Lance«. Für die Bewachung der Raketenbatterien waren rund um die Uhr 56 Soldaten eingesetzt, 26 weitere hatten ein Auge auf die Munitionslager. Einquartiert waren die Männer in der Westerwald-Kaserne, die ganz in der Nähe ist. Im sonst so ruhigen Westerwald herrschte also angespannter militärischer Hochbetrieb.

Heute ist dies anders. Zivilen Hochbetrieb sehen die Mitglieder des Vereins aber dennoch gern. Viele der ehemaligen Bunker sind in kleine Kunststätten umgewandelt worden, und es gibt auch ein uriges Café. Dies geschah nach und nach ab 2005, und das Zentrum wurde nach einer kleinen Pause 2017 komplett neu gestaltet wiedereröffnet.

Adresse Im Stadtwald 2, 56410 Montabaur-Horressen, www.kunst-kultur-natur-forum.de | **ÖPNV** Bus 460 von Montabaur nach Horressen | **Anfahrt** von der A3 die B49 nach Horressen nehmen | **Öffnungszeiten** Fr ab 17 Uhr, Sa ab 14 Uhr, So, Feiertage ab 11 Uhr | **Tipp** Für Outdoor-Freunde bietet sich ein Ausflug in das nahe Gelbachtal an. Dort wartet der Skulpturenweg darauf, entdeckt zu werden.

69 Der Wildweiberstein

Eine Felsformation für drei urtümliche Damen

In vielen deutschsprachigen Gebieten gibt es die Sage des Wilden Mannes. Seine wichtigste Eigenschaft ist seine Urtümlichkeit. Hochgewachsen, kräftig gebaut, stark behaart und leicht bekleidet sollen die waldbewohnenden Herren gewesen sein. Jene führten einen primitiven, aber auch idealisierten Lebensstil in enger Verbundenheit mit der Natur.

Während die Wilden Männer in den Sagen zahlreich erscheinen, finden die Wilden Frauen eher selten ihren Niederschlag in den Geschichten. Nicht so jedoch in Moschheim. Dort, auf dem Malberg, steht die malerische und imposante Felsformation des Wildweibersteins, die je nach Betrachtungswinkel ein wenig so wirken wie die Hinkelsteine eines bekannten Comic-Galliers. Einst sollen dort drei furchtbar wilde Weiber gehaust haben. Mit ihren männlichen Pendants teilten sich die naturverbundenen Frauen die wesentlichen Merkmale. Fernab der Zivilisation führten sie ihr Dasein zwischen Flora und Fauna.

Auch wenn Sagenkundige eine Übereinstimmung zwischen den Eigenarten des Wildmanns und des Wildweibs sehen, gelten die Damen doch als dem Menschen gegenüber ein wenig aufgeschlossener. Auch eine sexuelle Komponente hat die Geschichte: Des Nächtens sollen die Weiber den (Menschen-)Männern nachgestellt haben, um ganz ungestüm ihre Lüsternheit zu stillen. Doch gibt es da noch die milde Seite der Wilden Damen. Manchmal sollen sie herabgestiegen sein, um den Bauern bei der Ernte zu helfen. Natürlich nachts, damit es erstaunten Menschen verborgen blieb. Sogar Aufgaben im Haushalt sollen sie den Dorfbewohnern abgenommen haben – eine Aufgabe, auf die ein (Wilder) Mann niemals von allein gekommen wäre.

Dass der Malberg Gegenstand von alten Sagen ist, wundert kaum. Schon die Germanen bevölkerten den Hügel. Einst soll es dort eine Opferstätte und eine Gerichtsstätte, einen Thingplatz, gegeben haben. Zuvor war der Berg von Kelten bewohnt gewesen.

Adresse Malberg, 56424 Moschheim | **ÖPNV** mit der Bahn nach Montabaur, von dort Bus 463 nach Leuterod zur Haltestelle Malbergstraße | **Anfahrt** ab Wirges über die L300, dann auf die K142, anschließend auf die Hauptstraße in Leuterod, dann auf die Malbergstraße | **Tipp** Auf dem Malberg steht die 1892 erbaute Malbergkapelle. In der Nähe entspringt eine kleine Quelle, deren Wasser bei Augenkrankheiten helfen soll.

70 Der »Steinerne Pähler«

Ein echtes Rätsel mitten im Wald

Um das Phänomen des »Steinernen Pählers« zu verstehen, muss zunächst der Sinn der Bezeichnung betrachtet werden. Was »steinern« bedeutet, ist wohl jedem klar. Und ein Pähler? Das ist mundartlich, heißt »Pfeiler« und meint in diesem Fall eine Säule. Dieser Begriff beschreibt das, was mitten im Wald bei Mudenbach steht, ziemlich genau: eine bemooste und leicht verwitterte steinerne Säule. Sicherlich könnten nun die Höhe, die Breite und die eher spartanische Verzierung beschrieben werden. Doch das würde niemandem nützen. Die Frage lautet: Was hat es mit dem Pfeiler eigentlich auf sich? Denn der Zweck des Steinpfahls ist nach wie vor unbekannt, er inspirierte schon ganze Generationen zur Deutung seiner ehemaligen Aufgabe. Ein einziger Hinweis: die gravierte Jahreszahl 1595.

Eine Möglichkeit zur Interpretation bietet der Westerwaldverein. Der Pähler sei schlicht und ergreifend ein Wegweiser, der Wandernden in alten Zeiten den richtigen Pfad nach Altenkirchen oder Hachenburg gewiesen habe. Aber stimmt das? Andere Orientierungspunkte dieser Zeit sind nämlich weitaus rustikaler gefertigt und eher bloße Brocken als feine Säulen, wie der Pähler nun einmal eine ist. Andere Geschichtskundler dachten an einen Sühnestein. Diese Mahnmale wurden zu Zeiten des Mittelalters dort aufgestellt, wo ein Mord geschehen war.

Aber in dieser Version gibt es einen Haken: Denn solche Sühnesteine wurden über und über mit christlichen Symbolen verziert – schließlich handelte es sich hier um ein Werk des Teufels, und das sollte kein zweites Mal passieren. Letztendlich ist jeder Betrachter dazu aufgerufen, sich selbst eine passende Geschichte herauszupicken und mitzurätseln. Immerhin: Alle Interpretationsansätze sind bisher auf dem Boden geblieben. Eine Version, die den Pähler als Markierung einer Landezone für außerirdische Raumschiffe beschreibt, ist noch ausgeblieben.

Adresse nahe B414, 57614 Mudenbach | Anfahrt über die B414, Auto abstellen, zu Fuß durch Mudenbach, dann Richtung Hanwerth, von dort über Sophiental | Tipp Im nahen Örtchen Hanwerth befindet sich eine schöne Brunnenanlage.

71 Die Kirchenfenster

Der Mann, der die Häuser des Herrn zierte

Der Rohstoff, den sein Vater in seiner Papiermühle produzierte, schien beim jungen Alois Stettner einen bleibenden Eindruck hinterlassen zu haben. Denn schon zu Schulzeiten brachte er Porträts von Freunden und Verwandten zu Papier. Berühmt sind diese Skizzen für ihre handwerkliche Bescheidenheit. Mit wenigen Strichen fing er die Gesten der Menschen ein, die ihn umgaben. Seine größten Werke schuf er jedoch nicht auf Papier, sondern auf Glas.

An einem Oktobertag 1911 hatte Alois Stettner als eines von 14 Kindern in Mudersbach das Licht der Welt erblickt. Nach Volksschule und Abitur besuchte er die Kunstakademie in Düsseldorf. Einer Karriere als Künstler stand nichts im Wege. Doch der Zweite Weltkrieg brach aus, deren Schrecken Stettner prägten. In Polen wurde Stettner von seinen Befehlshabern dazu angewiesen, die Leichen toter Soldaten zu fotografieren und Zeichnungen anzufertigen. Ein grausames Erlebnis, das Stettner ein Leben lang begleitete.

Nach der Kriegsgefangenschaft in der Sowjetunion kam Stettner 1945 nach Hause in den Westerwald. Auch in der Heimat hatte der Krieg seine Spuren hinterlassen. Viele Kirchen waren zerstört, viele der einst prachtvollen Fenster zersplittert. So zog Stettner aus, um die Häuser des Herrn erneut zu schmücken. Überall in der Region zieren die phantastischen Glasgestaltungen die Fenster großer und kleiner Kirchen. 1950 lobte die Stadt Köln einen Kunstwettbewerb aus, um den künftigen Gestalter des Nordfensters im Querhaus des Kölner Doms zu finden. Stettner belegte den dritten Platz von 73 Bewerbern. Für die Mudersbacher ist Stettner nach wie vor die Nummer eins. Natürlich stammen auch die Fenster der Pfarrkirche Maria Himmelfahrt aus seiner Hand. Er starb im Jahr 1957, viel zu früh. Noch heute liegt der Grabstein Stettners auf dem Friedhof. Dort steht: »Dem Herrn das Haus zu zieren war sein Bemühen«. Das hat geklappt.

Adresse Kirchweg, 57555 Mudersbach | ÖPNV mit der Bahn von Kirchen (Sieg) nach Mudersbach, von dort circa 600 Meter bis zur Kirche Maria Himmelfahrt | Anfahrt B62 nach Mudersbach, dort auf Kirchplatz, dann auf Kirchweg | Tipp In der gesamten Region hat Stettner Kirchenfenster gestaltet. Weitere Arbeiten sind in Kirchen (Sieg), Neustadt-Wied oder Bendorf zu sehen.

72__Der Exotenwald

Eine robuste Rarität

Der Westerwald hält, was sein Name verspricht: Es gibt jede Menge Bäume. Eiche, Ahorn und Fichte sind bekannte Gattungen, auch wenn letztere durch den Klimawandel eher dem Untergang geweiht ist. Dies ist nicht nur im Westerwald so. Dort gibt es jedoch einen kleinen, ganz besonderen Wald, dessen knorrige Bewohner als »robust« ausgezeichnet wurden. Baumliebhaber finden in der Nähe von Mündersbach den Exotenwald. Dort gedeihen die Amerikanische Schwarznuss und der Tulpenbaum, einige Scheinzypressen sowie Japanische Sicheltannen.

Dass im Gemeindewald, genannt Heckelchen, jene fremdländischen Gewächse sprießen, ist weder dem Zufall noch einer bizarren Laune der Evolution geschuldet. Vielmehr war es Werner Dose, der ehemalige Revierförster, der die Exoten in die Region holte. Ziel des enthusiastischen Experiments war es, die Bäume, die unter anderem in Nordamerika und Ostasien ihr Verbreitungsgebiet haben, auf ihre Westerwaldtauglichkeit zu überprüfen. Der Versuch ist nun über 50 Jahre her, und siehe da: Der Test gelang ganz hervorragend. Auf dem heimischen Boden, einem 3,6 Hektar großen Waldstück, fühlen sich einige der insgesamt 20 gepflanzten Baumarten pudelwohl. Somit war das Ansinnen von Werner Dose von Erfolg gekrönt. Der Revierförster, der bis in die 1960er Jahre aktiv war, schuf eine echte Rarität, die in der ganzen Region einmalig ist. Denn die Chance, beim normalen Waldspaziergang auf einen original japanischen Kuchenbaum zu stoßen, ist wohl eher als gering einzuschätzen.

Dem Exotenwald kommt neben seiner Exklusivität noch eine andere, forstwirtschaftliche Bedeutung zu. Der Klimawandel setzt bekanntlich den heimischen Baumarten mächtig zu. Sollte die Fichtenpopulation im Land endgültig Schädlingen wie dem Borkenkäfer zum Opfer fallen, böten sich mit den Gattungen im Exotenwald möglicherweise echte Optionen für die Gewinnung von Nutzholz.

Adresse 56271 Mündersbach | **ÖPNV** Bus 115 ab Selters | **Anfahrt** an der B413 zwischen Hachenburg und Bendorf, dann auf der Forststraße bis zum Ende der Waldstraße | **Tipp** Nordwestlich von Mündersbach befindet sich das Naturdenkmal »Sieben Eichen«, das möglicherweise eine mittelalterliche Gerichtsstätte war.

73 Das Felsenstübchen

Die rätselhaften Treppen

Die mittelalterliche Nisterbrücke und die Abtei Marienstatt gehören zweifelsfrei zu den beliebtesten Fotomotiven des Westerwaldes. Nur wenige Meter entfernt befindet sich auf einer Anhöhe ein geheimnisvoller Ort. Dort stand einst die kleine Burg Nister, die wohl um 1206 zerstört wurde. Als die Zisterzienser ab dem Jahr 1222 im Tal der Nister ihre Klostergebäude errichteten, verwendeten sie die Steine der aufgegebenen Burganlage auf dem nahen Berg. Über 100 Jahre später, im Jahre 1343, beabsichtigten die Grafen zu Sayn, auf dem Berg eine neue Burg Vroneck (Froneck) zu bauen. Es wird vermutet, dass aus dieser Zeit auch das Felsenstübchen stammt. Auch heute noch erkennt man eine in die Felsen gehauene Treppe. Ob das Felsenstübchen einst als Verlies diente, ob es tatsächlich beim Bau der zweiten Burg angelegt wurde oder ob es bereits früher in Zusammenhang mit einer vorchristlichen Fliehburg genutzt wurde, all dies ist heftig umstritten.

Die vorhandenen Aufzeichnungen aus dem Mittelalter werden unterschiedlich gedeutet. Keinen Zweifel hingegen dürfte es daran geben, dass der Burgberg mit der rätselhaften Treppe für den Westerwald eine besondere Bedeutung hat. Nicht nur, weil in direkter Nachbarschaft ein weithin bekannter Wallfahrtsort liegt, dessen frühgotische Basilika die größte Orgel des Westerwaldes beherbergt.

Der Burgberg hat geschichtliche Verbindungen zu vielen Orten im Westerwald. Ein Beispiel ist die Stadt Hachenburg. Als man sich dort um 1180 zur Gründung von Burg und Stadt entschloss, war dies ein Grund für das Schleifen der Burg Nister. Von ihrer einstigen Wichtigkeit zeugen heute nur noch das Felsenstübchen und der sogenannte Schacht, der in den Felsen gehauene Sockel eines alten Wohnturms. Im Sommer durch große Bäume verdeckt, sind die ungewöhnlichen Felsen lediglich in der laubfreien Zeit aus der Ferne sichtbar.

Adresse Burgruine Vroneck, 57629 Müschenbach | **ÖPNV** Bus 415 ab Hachenburg | **Anfahrt** B414, in Höhe Hachenburg auf die L288 oder die K21, der Beschilderung zur Abtei Marienstatt folgen, vom Parkplatz circa 600 Meter Fußweg zu den Felsformationen | **Tipp** Selbstverständlich lohnt ein Besuch der nahe gelegenen Abtei Marienstatt. Ein Höhepunkt ist der öffentlich zugängliche Barock-Klostergarten, der nach alten Plänen rekonstruiert wurde.

74 Die Paul-Dickopf-Straße

Der Architekt im Nebel

Es war keine einfache Frage, die sich die Mitglieder des Gemeinderats Müschenbach in der Novembersitzung des Jahres 2020 stellen mussten. »Soll die Paul-Dickopf-Straße umbenannt werden?«, hieß es dort auf der Tagesordnung. Warum beschäftigten sich die Ratsleute mit der Entwidmung? Und wer war der besagte Mann? Paul Dickopf war Kriminalpolizist, SS-Untersturmbannführer und seit dem Ausbruch des Zweiten Weltkriegs bei der Militärischen Abwehr tätig. Heißt: Er war ein Nazi-Spion. 1942 war er in der Schweiz eingesetzt, dort sollte er den Geheimdienst infiltrieren. In der Zeit danach folgte ein seltsames Hin und Her quer durch Europa, die Schergen Hitlers schürten Zweifel an seiner Aufrichtigkeit. Der gebürtige Müschenbacher sei als Regimegegner erneut in die Schweiz geflüchtet, hieß es spätestens 1944. Historiker haben mit dieser Variante Probleme: War er wirklich ein Flüchtling? Oder war das die »Spionagelegende«, die ihn beim Feind glaubhafter machte? Der CIA soll er gar als Doppelagent Informationen über die Nazis zugespielt haben.

Man sieht: Dickopf ist eine kontroverse Person im Nebel der Geschichte. Aber warum widmet man ihm eine ganze Straße? Nach dem Krieg arbeitete er im Innenministerium, gestaltete dies maßgeblich mit. Dickopfs Sternstunde war das Jahr 1965. Im Januar wurde er Chef des Bundeskriminalamtes, als dessen »Architekt« er sich selbst gern bezeichnete. Diesen Posten hatte er bis 1971 inne, bis zu seinem Ruhestand. Vorher hatte er mit heftiger Kritik zu kämpfen: Das Wort »Altnazi« wurde laut, Dickopfs Arbeitsweisen wurden kritisiert.

Und dann gab es ja noch die CIA. Offenkundig stand Dickkopf nicht nur im Nazireich auf deren Gehaltsliste, sondern auch während seiner Zeit als BKA-Chef. Wie auch immer: Die Umbenennung wurde durch den Gemeinderat ablehnt. Denn nachweisbar ist nur wenig in der Vita Dickopfs. Aber BKA-Chef war er ganz sicher.

Adresse 57629 Müschenbach | **ÖPNV** Bus 415 ab Hachenburg | **Anfahrt** B414, dann auf Haupt- und Schulstraße | **Tipp** Ganz in der Nähe Müschenbachs befindet sich die berühmte Abtei Marienstatt.

75 Der Graue Turm

Wasser, Brot und brutale Folter

Eigentlich wirkt er ganz unscheinbar. Wer das malerische Städtchen Nassau an der Lahn mitsamt dem Grauen Turm besucht und sich im schräg gegenüberliegenden Café ein Getränk gönnt, wird zwangsweise über den Zweck dieses besonderen Gebäudes sinnieren. Zweifellos war das Bauwerk Teil der mächtigen Stadtbefestigung und wurde erstmals im Jahre 1414 urkundlich erwähnt. Doch die Abwehr weltlicher Gefahren wie feindlicher Soldaten war nicht immer der einzige Zweck des Türmchens. Im 17. Jahrhundert spielte sich dort Grausames ab. Im Grauen Turm wurde vermeintlichen Hexen der Prozess gemacht. Und dies war ein Rechtsstreit, den die Frauen, denen ein Pakt mit dem Teufel unterstellt wurde, nur verlieren konnten. Variationen im Strafmaß gab es immerhin. Als mildeste Strafe galt die sogenannte Turmstrafe.

Die Frauen mussten im Turm jämmerlich darben. Denn nur Wasser und Brot wurde ihnen gereicht. Qualvoll sollte das sein, denn die Ankläger wollten den zauberkundigen Frauen ein Geständnis abringen. Wem die schmale Kost nicht zusagte, der wurde auf unmenschliche Art gefoltert und gepeinigt. Den Folterknechten von damals wurde ein großes Maß an Brutalität gepaart mit Kreativität nachgesagt.

Nicht wenige Frauen starben bei der grausamen Tortur. Und auch wenn das teuflische Weib seinen Vertrag mit dem Gegenspieler Gottes gestand, wartete nur noch der Tod. Vom Grauen Turm aus ging es zum Hexenkippel, einer Hinrichtungsstätte in der Nähe. Ganz in der Tradition der Hexenverfolgung blieb der zum Tode Verurteilten meist noch eine letzte Chance der Abkehr vom Teufel und eine Gelegenheit zum Anschwärzen anderer Frauen, die möglicherweise selbst Hexen waren. Gebracht hat das jedoch alles nichts, denn das Urteil war nicht verhandelbar.

Glücklicherweise sind diese Zeiten lange vorbei. Die Hexenfolter in Nassau fand etwa zwischen den Jahren 1600 und 1659 statt.

Adresse Grabenstraße, 56377 Nassau | ÖPNV RB23 von Bad Ems nach Nassau, von dort 200 Meter zu Fuß | Anfahrt von Bad Ems über die B260 nach Nassau, links auf Am Eimelsturm abbiegen, dann auf Obertal und Grabenstraße | Tipp Wer mittelalterliche Türme mag, ist auf der Burg Nassau ganz in der Nähe gut aufgehoben. Der Bergfried ist sehenswert.

76 Das Heimatmuseum

Gugelhupfe und durchlöchertes Federvieh

Das Dorfmuseum in Neustadt erklärt sich durch seinen Untertitel. Der lautet »Bi et fröher wor«, und das bedeutet im Westerwälder Dialekt »Wie es früher war«. Und früher war offensichtlich einiges los, davon zeugt schon der ungewöhnliche Schmuck der Front des knarzigen Fachwerkgebäudes, das das Museum beherbergt. Dort prangt in strahlendem Gold ein Wetterhahn. Das Besondere: Im meteorologischen Gockel sind Einschusslöcher zu sehen. Besatzungssoldaten verwendeten das metallene Federvieh als Zielscheibe für ihre Schießübungen. Keine Sorge, im Inneren weht ein ganz anderer, pazifistischer Wind.

Nachgestellt sind die Wohnräume einer typischen Westerwälder Familie von anno dazumal in höchst authentischer Nachbildung. Dort gibt es die Schlafstube, eine Küche und natürlich die »gute Stube«, die als Esszimmer und Aufenthaltsraum diente. So karg die Einrichtung auch sein mag, bietet das kleine Museum doch einen spannenden Einblick in die Zeiten, als hier noch der Bergbau boomte und die kohlebefeuerte Eisenbahn eine Hightech-Maschine war. Mit zahlreichen Exponaten aus der Region – es sollen mehrere hundert sein – zeigt »Bi et fröher wor« den Alltag der Neustädter, wie er damals wirklich war: nämlich sehr mühselig und arbeitsam. Die Details bestechen. Original eingerichtete Räume samt einer Gugelhupfform aus Gusseisen, uraltem Öfchen und einem Nachthemd, das bereithängt, um sich bettfein zu machen, erwarten die Besucher. Natürlich darf auch Jesus in jedweder Form nicht fehlen. Egal, ob am Kruzifix oder als recht kitschiges Bild: Der Gottessohn wacht hier über allem.

In dem Museumshäuschen ist auch das Heimatmuseum untergebracht. Die alten Briefe, Schriften, Bücher, aber auch Fotografien sind echte Kostbarkeiten aus einer ganz anderen Zeit. Wer die nur schlecht erkennen kann, hat im Museum kein Problem: Eine uralte Brille liegt auch bereit.

Adresse Hauptstraße 21, 53577 Neustadt an der Wied | **ÖPNV** Bus 131 ab Asbach | **Anfahrt** über die A3 auf die L270, dann auf die Hauptstraße | **Öffnungszeiten** Besichtigungstermine im Gemeindebüro unter Tel. 02683/930510 vereinbar | **Tipp** In Asbach bietet ein Eisenbahnmuseum Einblicke in die Geschichte der Westerwälder Eisenbahnkultur.

77 Das Protokollbuch

Ein »alter Schinken« schreibt Geschichte

Kurz nach dem Tod ihres Großvaters Friedrich Seuser schaute sich Enkelin Hedwig Runkel dessen Hinterlassenschaften an. Auf dem Speicher des Hauses des Verstorbenen fand Runkel eine eher dezente Holzkiste. Darin waren eine Bibel, ein Andachts- sowie ein Protokollbuch. Trotz deren Unscheinbarkeit und des Einwandes ihres Ehemannes (was solle man schon mit einem solchen »alten Schinken«) behielt die Dame aus Thalhausen ihren Fund. Das Protokollbuch entpuppte sich als wahrer Schatz: Bei dem »Schinken« aus dem Jahre 1862 handelte es sich nämlich um nichts Geringeres als das »Protokollbuch des Raiffeisen Darlehens-Kassen-Vereins für das Kirchspiel Anhausen«, also für den Pfarrbezirk der Orte Anhausen, Rüscheid, Thalhausen und Meinborn. Zu Friedrich Wilhelm Raiffeisen, dem Begründer des genossenschaftlichen Gedankens, bestand nicht nur eine ideelle Verbindung. Im nahen Heddesdorf war Raiffeisen ab 1852 Bürgermeister.

Opa Friedrich Seuser war seinerzeit Vorstand des Kassenvereins, der als Zweck unter anderem »die Hebung der leiblichen Wohlfahrt« festlegte. Dazu wurden günstige Kredite vergeben, die nicht profitorientiert, sondern karitativer Art waren. Auch die Zinsen sind im Buch festgelegt. Pro geborgtem Taler fiel ein Zins von einem Silbergroschen und sechs Pfennigen an. Dies war ein durchaus vertretbarer Satz. Ein Bierchen im Wirtshaus kostete damals beispielsweise einen Silbergroschen.

Bis Hedwig Runkel mit ihrem historischen Schatz an die Öffentlichkeit ging, dauerte es noch bis 2001. Aber dann war ihr die Aufmerksamkeit gewiss: Sofort machte sich der damalige Landrat Rainer Kaul samt einem Leihvertrag auf zu Runkels nach Thalhausen. Das Ziel war, das Protokollbuch im Roentgen-Museum Neuwied auszustellen. Frau Runkel schlug ein, das Buch wurde aufgemöbelt und ist nun im Kreismuseum im Rahmen einer interessanten Ausstellung rund um Raiffeisen zu bestaunen.

Adresse Roentgen-Museum Neuwied, Raiffeisenplatz 1a, 56564 Neuwied | ÖPNV mit der Bahn von Bonn und Koblenz aus erreichbar | Anfahrt von der B256 in Richtung Bahnhof, von dort rund 250 Meter zu Fuß | Öffnungszeiten Di–Fr 11–17 Uhr, Sa, So, Feiertage 14–17 Uhr | Tipp Nicht nur Neuwied, sondern auch das kleine Thalhausen lohnt einen Abstecher. Dort findet im Herbst ein Bauernmarkt mit Kunsthandwerk und regionalen Produkten statt.

78 Die Urschraube

Vom Wetteifer zweier Ingenieure

Alles begann vor vielen Jahren am Telefon von Friedhold Thiel, Ingenieur im Ruhestand. Am Apparat: ein weiterer Vertreter dieses Berufsstandes aus dem Elsass. Es entbrannte eine lebhafte Fachsimpelei über die Frage, was denn die größte Erfindung der Menschheit sei. Der Mörsbacher Thiel war sich sicher, dass es sich dabei nur um die Schraube handeln könne. Denn es gebe kein entsprechendes Vorbild in der Natur, behauptete er. Bei der Erfindung des Rades hätten sich unsere Vorfahren schließlich von einem rollenden Baumstamm inspirieren lassen. Nach Beendigung des Gespräches war der Eifer des Elsässer Ingenieurs, dessen Name nicht überliefert ist, geweckt.

Er begab sich auf die Suche nach der Mutter aller Schrauben, die in der Natur irgendwo zu finden sein müsse. Er suchte und wurde fündig. Und Friedhold Thiel bekam eines Tages Post, genauer ein Paket. Darin befand sich eine verholzte Ranke, die sich in ein Astloch drehte. Die Ähnlichkeit zur echten Metallschraube war verblüffend! So verblüffend, dass der Elsässer zum Paket eine vergnügliche, aber frei erfundene Geschichte zur Entstehung mitlieferte: In einem Astloch saß einst ein Vogel, den ein Junge mit ebenjener Holzranke zu erschlagen suchte. Doch das Vögelchen versteckte sich hartnäckig, sodass der Junge in Rage geriet. Vor Wut steckte er mit Wucht die holzige Liane in das Loch und, oh Wunder, sie drehte sich dort bombenfest. Als der herbeieilende Vater des Jungen dies sah – er muss Ingenieur gewesen sein –, begriff er das Prinzip und erfand die Schraube.

Auch Friedhold Thiel war klar, dass die Urschraube etwas Besonderes war, und so hob er sie auf. Irgendwann fanden die Urschraube und ihre Geschichte den Weg in das Dorfmuseum von Niedermörsbach. In dem schmucken Häuschen, das von Frank Wirdeier liebevoll gepflegt wird, finden sich weitere interessante Histörchen aus dem Westerwalddorf.

CARSTEN HENN
111 DEUTSCHE WEINE DIE MAN GETRUNKEN HABEN MUSS
KATJA JOSTEIT
111 ORTE FÜR KINDER IN KIEL DIE MAN GESEHEN HABEN MUSS
MARTIN DROSCHKE | NORBERT KRINES
111 FRÄNKISCHE BIERE DIE MAN GETRUNKEN HABEN MUSS
JENNY MENZEL
111 ORTE FÜR KINDER IN DRESDEN DIE MAN GESEHEN HABEN MUSS
BERND IMGRUND
111 WHISKYS DIE MAN GETRUNKEN HABEN MUSS
JULIA TZSCHÄTZSCH
111 ORTE FÜR KINDER IN FRANKFURT DIE MAN GESEHEN HABEN MUSS
CHRISTINA BACHER
111 ORTE FÜR KINDER IN KÖLN DIE MAN GESEHEN HABEN MUSS
Emons Verlag GmbH
Cäcilienstraße 48
D - 50667 Köln
+49 221 56977 0
+49 221 56977 190
CORNELIA KUHNERT
111 ORTE FÜR KINDER IN UND UM HANNOVER DIE MAN GESEHEN HABEN MUSS
OLIVER SCHRÖTER
111 ORTE FÜR ECHTE MÄNNER DIE MAN GESEHEN HABEN MUSS
emons:
Entdecken fängt zu Hause an
emons:
www.emons-verlag.de
BERNADETTE NÉMETH
111 ORTE FÜR KINDER IN WIEN DIE MAN GESEHEN HABEN MUSS
JENS DREISBACH
111 GINS DIE MAN GETRUNKEN HABEN MUSS
CHRISTINA BACHER
111 ORTE FÜR KINDER IN KÖLN DIE MAN GESEHEN HABEN MUSS
THOMAS FUCHS
111 DEUTSCHE BIERE DIE MAN GETRUNKEN HABEN MUSS
PRISKA LACHMANN
111 ORTE FÜR KINDER IN LEIPZIG DIE MAN GESEHEN HABEN MUSS
OLIVER SCHRÖTER
111 ORTE FÜR ECHTE MÄNNER DIE MAN GESEHEN HABEN MUSS
111 ORTE FÜR KINDER IN UND UM STUTTGART DIE MAN GESEHEN HABEN MUSS
111 DEUTSCHE WEINE DIE MAN GETRUNKEN HABEN MUSS
111 ORTE FÜR KINDER IN BERLIN DIE MAN GESEHEN HABEN MUSS

Adresse Schulstraße 2, 57629 Mörsbach | **ÖPNV** Bus 410 ab Wissen | **Anfahrt** von Wissen über die L289 | **Öffnungszeiten** Infos siehe www.museum-moersbach.de | **Tipp** Bei Mörsbach sind heute noch imposante Erdwälle zu sehen. Diese markierten einst die Grenze zwischen Preußen und Nassau.

79_Die Wasserbrücke Erbach

Die »kleine Schwester« eines monumentalen Bauwerks

Was muss das für ein Anblick gewesen sein, damals am 31. August 1911! Schnaufend und dampfend kroch die erste Lokomotive über die polierten Schienen der frisch fertiggestellten Erbacher Brücke. Sie tuckerte von Marienberg zum Bahnhof Erbach. An Bord: unzählige Ehrengäste, die sich dort über einen warmherzigen Empfang mit Blasmusik, festlichem Schmuck und dem Loblied »Danket dem Herrn« aus den Kehlen der Erbacher Kinder freuten. Die Brücke, die aus 1.500 Kubikmetern massivem Beton besteht, verbindet die Hügel Stöffel und Hahn und bildet so einen Inbegriff von Eisenbahnromantik. Für ihre Entstehung brauchte es nur sechs Monate. Heute ist sie ein technisches Baudenkmal, nachdem sie 1971 stillgelegt wurde.

Die Zeiten meinten es nicht immer gut mit dem Betonkoloss, was nicht nur am Ersten Weltkrieg lag. Bereits zu Beginn der Arbeiten kam es zu heimlichem Groll: Für den Bau waren Gastarbeiter aus Italien und Polen engagiert worden. Vorurteile führten dazu, dass die Erbacher sich einen erheblichen Vorrat an Knüppeln anlegten, um sich der vermeintlich feindlich gesinnten Ausländer zu erwehren. Vonnöten war dies nicht: Die Zeiten werden im Rückblick als überaus friedlich beschrieben.

Problem Nummer zwei war, dass sich die Baumeister gehörig verschätzt hatten. Zumindest was die herablaufenden Wassermassen vom Stöffel anging. Die sorgten einerseits für Unterspülungen des Gleisbetts, an anderen Stellen wurden die Schienen unter Schlamm begraben. Um dieser Herausforderungen Herr zu werden, wurde die »Wasserbrücke« gleich nebenan erbaut. Die Brücke führt das Wasser einer nahe gelegenen Quelle von einer zur anderen Seite und mutet wie eine exklusive Mischung aus Fußgängerbrücke und Aquädukt an. Das hat sich bewährt: Während an der stillgelegten Erbacher Brücke Wind und Wetter nagen, plätschert es auf der wasserführenden »kleinen Schwester« munter weiter vor sich hin.

Adresse nahe Erbacher Brücke, 57647 Nistertal | ÖPNV Nahverkehrszüge von Altenkirchen und Limburg bis Bahnhof Nistertal-Bad Marienberg | Anfahrt Büdinger Straße in Nistertal in Richtung Dreisbuch folgen, dann rechts zur Wasserbrücke abbiegen, von dort etwa 800 Meter zu Fuß | Tipp Seit 1969 existiert Erbach mit Büdingen nur noch als Ortsteil der damals neu formierten Ortsgemeinde Nistertal. Über das Leben vor der Zusammenlegung informiert das zentral gelegene »Kleine Museum« im Ortsteil Erbach.

80 Die alte Ölmühle

Brennstoff für die Laternen der Bergmänner

Egal, ob es Bucheckern, Raps, Sonnenblumenkerne, Leinsamen oder die heute fast vergessene Pflanze Rübsen waren: Paul Schumann aus Oberdreis presste aus jeder Frucht heraus, was ging. Schumann war Ölmüller und produzierte den wertvollen Rohstoff in seiner Mühle. Zum Verzehr war das trübe gräuliche Öl kaum gedacht. Stattdessen wurden damit Laternen befüllt, der Schumann'sche Brennstoff sorgte für das nötige Licht in den engen Stollen der Westerwälder Minen.

Die Mühle selbst ist über 300 Jahre alt und wurde im örtlichen Dialekt »Owerdresser Ollichsmill« genannt. Um an das Öl zu gelangen, spielte der Mühlbach eine wichtige Rolle. Dessen Wasser trieb das Mühlrad an – und das wiederum den Kollergang. Bei diesem Arbeitsschritt wurden die ölhaltigen Früchte zunächst zerquetscht, anschließend wurde der Brei erwärmt und in der Keilpresse ausgedrückt. Die Ausbeute der mühsamen Arbeit war vergleichsweise gut. Aus 30 Kilogramm Ölpflanzen gewann der Müller knapp zehn Liter Öl. Dafür wurden etwa zehn Arbeitsgänge benötigt. Das, was von den Ölfrüchten übrig bleibt, wird Treber genannt und kam als nahrhaftes Viehfutter zum Einsatz.

1942 wurde die Mühle stillgelegt, das Gebäude verfiel, das Areal verwilderte. In den 1980er Jahren besannen sich die damaligen Eigentümer auf die historische Bedeutung dieses alten Handwerkszweiges. Das Dach wurde neu eingedeckt, und ein neues Wasserrad aus Stahl wurde installiert, denn das alte aus Holz war lange verwittert. Auch die alten Fachwerkmauern wurden generalüberholt. Statt einer Lehmwand sorgen heute Mauern aus Bimsstein für Stabilität. Von ihrem rustikalen Charme hat die Mühle nichts eingebüßt, denn die Restaurierungsarbeiten orientieren sich stark am Originalzustand. Abgeschlossen sind die Arbeiten beileibe noch nicht. Hier und dort sieht es ein wenig baufällig aus, was die Optik aber nicht stört, sondern eher abrundet.

Adresse Mühlstraße, 57639 Oberdreis | ÖPNV Bus 121 ab Puderbach bis Oberdreis Dorfplatz, von dort zu Fuß | Anfahrt aus Richtung Puderbach kommend über die L265 nach Oberdreis, dort links auf die Mühlstraße abbiegen, von dort etwa 120 Meter zu Fuß | Tipp Fans alter Gebäude kommen in Oberdreis auf ihre Kosten: Im Ort steht auch ein altes Backhaus.

81 Das Pell-Mell-Festival

Der lauteste Acker im ganzen Westerwald

Wer den Westerwald als Quell der Ruhe schätzt, sollte am ersten Septemberwochenende einen Bogen um Obererbach machen. Denn im späten Sommer findet dort seit 2006 das Pell-Mell-Festival statt, und Obererbach entwickelt sich zu einem echten Wallfahrtsort für Fans der Musikrichtungen Metal, Punk und Hardcore. Die Liebe zum krachigen Sound von E-Gitarre und Drums war die Motivation des ausrichtenden »Vereins zur Jugendkulturförderung Obererbach«.

Aus einer Rocknacht mit etwa 500 Besuchern in der Gemeindehalle erwuchs das »Pell-Mell« zum zweitägigen Festival mit allem, was dazugehört: Büchsenbier, Sonnenbrand, Dixi-Klo und Campingplatz. Und natürlich jeder Menge Mucke. Fast zwei Dutzend teils internationale Bands sind immer dabei. Darunter auch Gruppen, die Szenekennern durchaus ein Begriff sein dürften: Jupiter Jones, Emil Bulls oder Real McKenzies sind nur einige der Bands, die auf dem »Acker« aufspielten, wie der Erste Vorsitzende Dominik Pörtner das Gelände liebevoll nennt. Denn Sportbetrieb findet aufgrund grober Bodenunregelmäßigkeiten hier nicht statt. Dafür eignet sich das Areal aber umso besser für Headbangen inklusive Moshpit.

Das Besondere ist die Organisation. Die knapp 30 Mitglieder arbeiten ehrenamtlich, an dem Fest verdient niemand außer den Bands. Das liegt im Selbstverständnis, der Musik eine Plattform zu bieten. Während die großen Bands ihre Gage über Agenturen aushandeln, bekommen die regionalen Kleinbands mindestens Spritgeld in die Hand und eine Mahlzeit in den Magen.

Für Fragezeichen sorgt immer wieder der Name, der nichts mit der fast gleichlautenden Zigarettenmarke zu tun hat. In einer Bierlaune räumte eines der Vereinsmitglieder einen vollen Tisch mit Bierflaschen ab – das gab ein ziemliches »Holterdiepolter«, auf Englisch »Pell-Mell«, wie ein Online-Übersetzer wusste. So will es zumindest die Legende, und der Name stand fest.

Adresse Hauptstraße, 56414 Obererbach | ÖPNV mit der Bahn nach Dreikirchen, von dort etwa 1,1 Kilometer zu Fuß via Hauptstraße | Anfahrt A3 von Köln nach Frankfurt, ab der Ausfahrt Montabaur etwa 7 Kilometer | Öffnungszeiten Festival Anfang Sept., Infos siehe www.pell-mell.de | Tipp Im Nachbarort Steinefrenz ist die Ruine der Kirche St. Matthias zu besichtigen, die 1948 eingestürzt ist.

82 Der Goethepunkt

Weitsicht für einen Superstar

Die Brillanz von »Faust«, »Die Leiden des jungen Werther« und »Erlkönig« lässt sich nicht leugnen. Und somit ist auch dessen Schöpfer, Johann Wolfgang von Goethe, ein echter Literatur-Superstar. Das war er schon zu Lebzeiten. Wer erinnert sich nicht an den Deutschunterricht und die tragischen Berichte über Leser, die sich allzu sehr in den Werther hineinversetzten oder den Mephisto verfluchten.

Und wie das mit Stars nun einmal so ist, wünschen sich viele, jene Stars persönlich kennenzulernen. In Obernhof ging man es etwas anders an. Einheimische mit einem Faible fürs Geschichtenerzählen, und dies sind in der Regel Volksschullehrer und Geistliche, behaupteten, der Dichter und Denker habe auf seiner berühmten Lahnreise einen Zwischenstopp im Ort eingelegt. Dort soll Goethe geruht haben und den wundervollen Ausblick auf das Lahntal inspiriert und blumig in höchsten Tönen gelobt haben. Stimmt das auch? Eher nicht. Aber schon 1884 zimmerte man den »Goethepunkt« zusammen, eine Aussichtsplattform. Besucher sollten das sehen, was Deutschlands wohl bekanntester Literat auch erspäht hatte. In der Folge wurde dieser Platz zur echten Partylocation: Gefeiert wurde zunächst die Einweihung mit Feuerwerk und Blasmusik. Auch bei späteren Turnfesten war richtig etwas los. 120 Athleten sprangen, stießen Steine und stemmten Stämme. Zur Belohnung gab's den Eichenkranz.

Und an anderen Tagen wurden Kaiserbretzeln verteilt, wahlweise aus Laugenteig oder mit Zuckerstreuseln garniert. Nämlich dann, wenn das preußische Staatsoberhaupt Wiegenfest feierte. Generell war der Goethepunkt schon immer ein Ort der Lebensfreude: Es wurde getanzt, gespielt und musiziert. Kann man also den flunkernden Ahnen böse sein? Nicht doch. Auch heute erfreuen sich Wanderer am Goetheplatz, der einen Ausblick bietet, der im ganzen Umkreis wohl einmalig sein dürfte.

Adresse 56379 Obernhof | ÖPNV RB23 nach Obernhof | Anfahrt über die B417, im Ort parken und zu Fuß weiter | Tipp Wer sich nach noch mehr Fernsicht an der Lahn sehnt, ist in Nassau gut aufgehoben. Der dortige Gickelsturm bietet tolle Ausblicke.

83_Die bewegte Kapelle

Wenn die Kirche wieder ins Dorf gelassen wird

Jeder, der in das kleine Dörfchen Ötzingen kommt, wird zwangsläufig seinen Blick auf ein ganz besonderes Häuschen richten: das kleine Kapellchen an der Ecke Oberdorfstraße und Hauptstraße. Sicher, das Gotteshäuschen an sich ist recht ansehnlich, besticht es doch durch seine winzige Dimension. Mit seinem geschwungenen Pultdach bietet es auch Architektur-Fans als Monument ländlicher Zimmererkunst einen Moment der Wonne. Jahrzehntelang fristete es mitten im Ort sein unberührtes Dasein, bis die Straßenbaupläne des Landes Rheinland-Pfalz den Standort gefährdeten.

Kurz gesagt: Für den Bau der L267 musste die Kapelle weg. Das war im Jahre 1977. Es ist jedoch einem emsigen Kreis Ötzinger Bürger zu verdanken, dass das sakrale Häuschen eine Zukunft hatte. Erst wurde es abgetragen und außerhalb des Ortes wiedererrichtet, dort bot es alsbald ein Refugium für nistende Vögel und allerlei andere Wildtiere. Es verwilderte und verwitterte zusehends, auch das Dach wurde mit der Zeit undicht. 2011 besann man sich wieder auf das Ur-Ötzinger Kleinod. Es reifte die Idee, die Kapelle wieder am ursprünglichen Ort, der Oberdorfstraße, neu zu errichten. 84 Bürger unterschrieben die Petition, die der Ötzinger Christoph Menges dem Gemeinderat vorlegte. Angesichts des massiven Willens des Volkes konnte der Rat nur abnicken.

Und so siedelte die Kapelle wieder um, die Kirche wurde sozusagen wieder ins Dorf gelassen. Die Umzugsarbeiten erledigten die Ötziger – 60 Menschen packten tatkräftig mit an – in vollständiger Eigenleistung, und auch ein Architekt betreute das Projekt pro bono.

Es gab Sachspenden, darunter eine neue Glocke, denn die alte hatte einen Riss. Auf den Schrott kam sie aber nicht, sondern ziert bis heute den Innenraum. Dass die neue Glocke auch den richtigen Kapellensound hat, wurde im November 2011 bei einem spontanen Richtfest bewiesen.

Adresse Oberdorfstraße/Hauptstraße, 56244 Ötzingen | **ÖPNV** Bus 463 ab Montabaur | **Anfahrt** ab Siershahn über die L303, dann auf die L267 | **Tipp** Im benachbarten Helferskirchen bimmeln in der Pfarrkirche St. Maria uralte Glocken. Die älteste heißt ebenfalls Maria und wurde 1428 gegossen.

84 Das Fliegengewehr

Das Glöckchen klingt beim Jagderfolg

Das ruhige Örtchen Rabenscheid ist ein Ortsteil des ebenfalls ruhigen Breitscheid und liegt im Lahn-Dill-Kreis. Was an dem Dorf nun besonders ist? Das total urige Weinfest im Dorfzentrum zum Beispiel. Das findet jährlich im September statt. Doch der Ort hat auch einen besonderen Sohn: Es war ein Rabenscheider, der eine der skurrilsten Erfindungen des Westerwaldes hervorbrachte: das Fliegengewehr.

Der Name des Erfinders lautete Marcus Heidbreder, und er hatte in den beginnenden 1920er Jahren in Rabenscheid sein Zuhause. Er war es auch, der nervtötenden Fliegen mit modernster Militärausrüstung zu Leibe rückte. Sein Fliegengewehr ließ er am 14. Februar 1922 beim Reichspatentamt patentieren. Dazu legte er eine Zeichnung bei, die die Wirkungsweise veranschaulichen sollte. Die regte sogleich zum Staunen an: Denn es wurde gar nicht geschossen, es wurde geklatscht! Projektile feuerte das Gerät nicht ab. An einem gewehrartigen Schaft war eine Art Mopp angebracht, der auf die Plagegeister zuschnellte, sobald der Anwender den Hahn zog, also das Gewehr abfeuerte.

Die Mitarbeiter vom Amt sahen die Genialität vor allem in der Verstellbarkeit der Klatschreichweite. Offenkundig war es Heidbreder außerdem ein Anliegen, dass das Verwenden seines Fliegengewehrs nach außen gut hörbar war. Deshalb sah der Bauplan das Anbringen eines Glöckchens vor, das klang, sobald gefeuert wurde. In der Patentschrift ist sogar von einem ausgewachsenen »Glockenspiel« die Rede. Ein kräftiger Sound war also garantiert. Ob nun die Fliegen selbst nerviger waren als das permanente Gebimmel der Heidbreder'schen Fliegenflinte, die eigentlich keine war, ist nicht belegt. Und vielleicht war dem pfiffigen Erfinder ja auch bei einem Gläschen Wein auf dem Dorfplatz mitten in Rabenscheid die Idee für seine Konstruktion gekommen. Überliefert ist das nicht, aber eine drollige Vorstellung wäre es allemal.

Adresse Dorfplatz, 35767 Rabenscheid | **ÖPNV** Bus 510 vom Busbahnhof Breitscheid nach Rabenscheid | **Anfahrt** von Breitscheid über die L3044, wird zur Weilburger Straße | **Tipp** In Rabenscheid gibt es mit dem Laufbrunnen ein besonders kunstvoll verziertes Wasserspiel aus dem 19. Jahrhundert.

85 Die Töpferplastik

Von schöpfenden Töpfern und schmorenden Römern

Was darf in keiner Küche fehlen? Genau, ein Topf. Die Antwort auf die Frage ist so leicht, wie das Kochgerät alt ist. Und überall auf unserem Planeten gibt es spezielle Ausfertigungen: In Nordafrika den Tagine-Schmorkübel, die Japaner haben ihren speziellen Pott für das Eintopfgericht Sukiyaki, und die alten Römer hatten den Römertopf. Aber: Dass der Römertopf nach den Römern benannt ist, ist leider völlig falsch. Denn der Römertopf ist ein original Westerwälder Küchenutensil und hat mit dem Imperium am Tiber so gut wie nichts zu tun.

Der bekannte tönerne Topf zum Schmoren erblickte in den 1960ern in Ransbach-Baumbach das Licht der kulinarischen Welt. Der Vorteil liegt in der fettfreien Garmethode. Der Topf aus Ton wird vor der Verwendung kräftig gewässert, sodass Roulade, Rehrücken und Rollbraten eher gedünstet als gebraten werden. Zusätzliches Fett ist gar nicht vonnöten. Daher auch der Schlenker in die Antike: Die alten Römer sollen das Dunstgaren im Tontopf dem Schmoren im Gusseisenkessel vorgezogen haben. Auch das Backen von Brot war damit machbar. Heute wird der kultige Römertopf in Ransbach-Baumbach noch von der Firma »Römertopf Keramik« hergestellt und hat seine Fans in aller Welt. Exportiert wird die Schmorform sogar bis in die USA.

Man ist in Ransbach-Baumbach mächtig stolz auf den Römertopf, und nicht umsonst nennt sich der Ort auch »Töpferstadt«.

Davon zeugt unter anderem die Statue auf dem Töpferplatz. Die Plastik zeigt – natürlich – einen töpfernden und in seiner Bewegung erstarrten Mann, links von ihm seine fertigen Werke, rechts von ihm die groben Tonklumpen. »Der Schöpfer war der erste Töpfer«, steht dort auf der eingelassenen Metalltafel. Somit ist der Anspruch ganz klar: Töpfern ist eine göttliche Kunst. Göttlich sollen schließlich auch die Speisen aus dem Römertopf sein, der unter den Hobbyköchen eine breite Fanbasis hat.

Adresse Töpferplatz, 56235 Ransbach-Baumbach | ÖPNV verschiedene Busverbindungen aus den Nachbarstädten, Haltestelle in der Rheinstraße | Anfahrt aus Richtung Höhr-Grenzhausen von der L307 auf Rheinstraße, Töpferplatz linker Hand | Tipp Ransbach-Baumbach ist ein Kultur-Hotspot. In der dortigen Stadthalle treten regelmäßig erstklassige Comedians und Musiker auf.

86__Die Draisinenstrecke

Mit Muskelkraft durch Wald und Wiese

Im Hohen Westerwald bei Rennerod treffen Landschaft und Technik aufeinander. Zusammen bilden sie eine besondere Attraktion: die Draisinenstrecke. Bei einer Draisine handelt es sich um ein Bahngefährt, das ursprünglich nicht für den Transport von Passagieren oder Waren gedacht war, sondern dazu, Arbeitern das Inspizieren der Strecke zu erleichtern.

Es gibt zwei Varianten: die mit Motor und die ohne. Wer per Draisine von Rennerod nach Fehl-Ritzhausen fahren möchte, muss sich auf zwei Tatsachen einstellen: Muskelkater und jede Menge Spaß. Denn das Gefährt für Ausflugsfahrten arbeitet mit reiner Körperkraft. Während vier Personen den Hebel auf und ab bewegen, können weitere vier ganz entspannt Platz nehmen und die umliegende Landschaft genießen. Die ist hier besonders interessant. Die Tour über die Westerwald-Querbahn führt über drei historische Brücken und vorbei an altertümlich anmutenden Bahnhofsgebäuden. Dazwischen bietet eine malerische Tal- und Bergkulisse einen tollen Weitblick und viel frische Luft. Der Betreiber, die Interessengemeinschaft Westerwald-Querbahn, stellt dazu einen Begleiter ab, der gut über die Sehenswürdigkeiten an der Strecke Bescheid weiß. Wer die Tour bei der Tourist-Information Rennerod bucht, bekommt außerdem einen kleinen Imbiss und ein erfrischendes Getränk gereicht.

Zur Sicherheit noch ein Hinweis: Wer vor der sportlichen Herausforderung Respekt hat, kann beruhigt sein. Das Bedienen der Draisinenhebel ist nicht so kräftezehrend, wie viele vermuten, und die Anstrengung ist eher gering. Somit ist die Tour für alle Altersklassen und auch für jene, die ihren Teller nicht leer gegessen haben, geeignet. Wer den Schweiß auf der Stirn stehen haben will, kann auch mit dem Rad anreisen. Ein angeschlossener Fahrradweg macht's möglich. Durch den nahen Westerwaldsteg ist auch eine Wanderung im Anschluss eine schöne Idee.

Adresse Bahnhofstraße, 56477 Rennerod, www.westerwald-querbahn.de | **ÖPNV** Bus 483 ab Bad Marienberg | **Anfahrt** von Bad Marienberg über die B414, dann auf die B54 nach Rennerod, dort auf die Bismarckstraße, dann auf die Bahnhofstraße | **Öffnungszeiten** Buchung unter www.stadt-rennerod.de/tourist-info | **Tipp** Ganz in der Nähe liegt der Salzburger Kopf, der dritthöchste Berg im Westerwald. Dort kann man im Winter Schlitten oder »Snowtube« fahren.

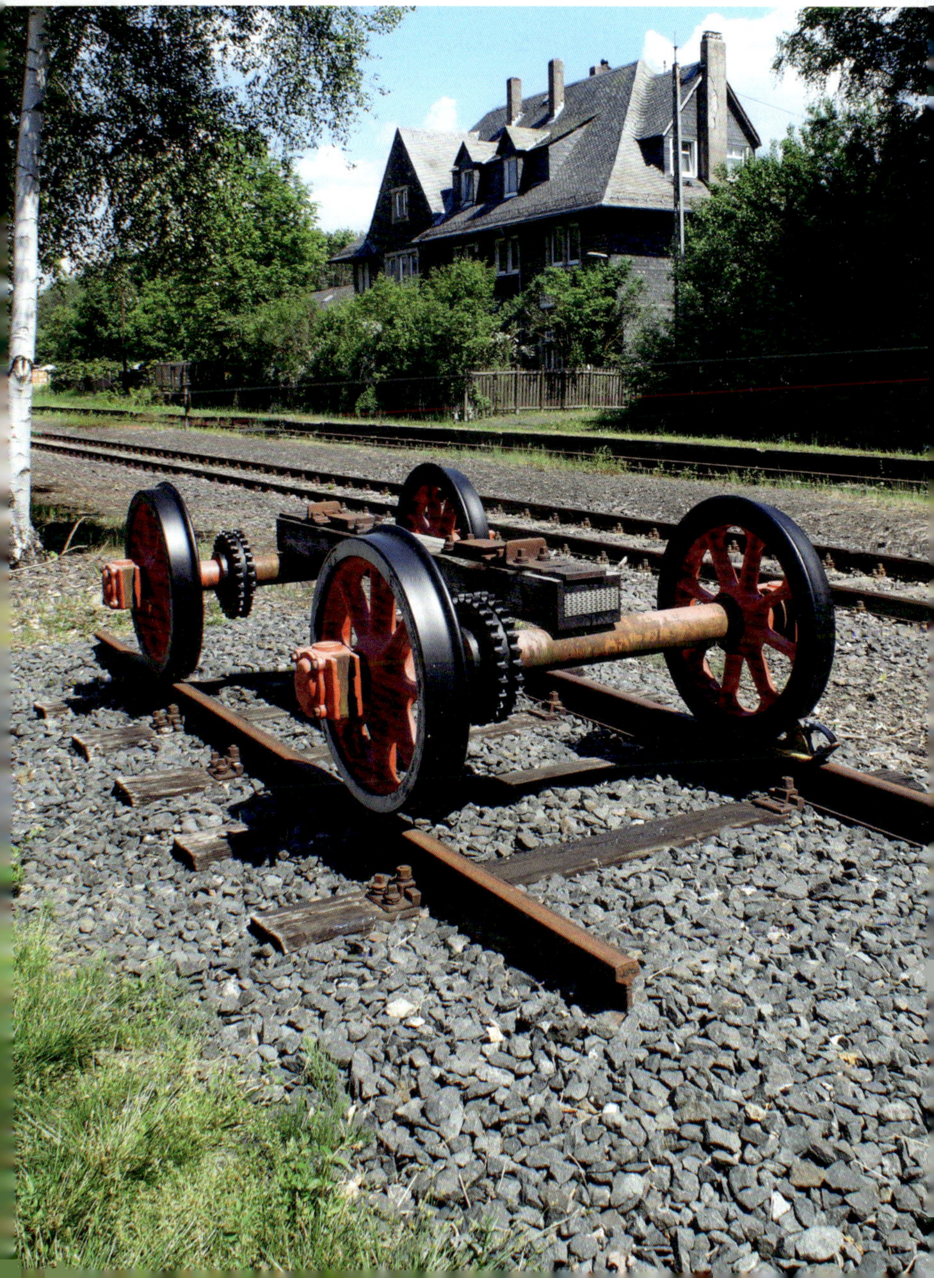

87 Die Gerichtslinde

Urteile über Hals und Bauch

Knarzend und kolossal steht sie dort, mitten im Örtchen Rückeroth. Gemeint ist die bizarr anmutende Linde gleich neben der Kirche St. Pankratius, die gleich zwei Rekorde bricht: Zum einen gilt sie als ältester noch lebender Zeitzeuge der letzten Jahrhunderte. Und zum anderen soll sie mit ihrem Stamm, der stolze zehn Meter misst, der dickste Baum in Rheinland-Pfalz, wenn nicht sogar in ganz Deutschland sein.

Das Naturdenkmal wird erstmals im Jahre 1427 in einem »Weistum« erwähnt. Dies ist ein Schriftstück, das die Rechte des Landesherrn – das war der Graf von Wied – schriftlich fixierte und sie ihm somit bestätigte. Das war wichtig, denn unter dem schattenspendenden Blätterdach der Linde wurde Gericht gehalten. Die mittelalterlichen Bewohner Rückeroths folgten damit einer germanischen Tradition der Rechtsprechung, dem Thing. Lud ein Bürger Schuld auf sich, kam es zum Prozess, bei dem es um nicht weniger als »Hals und Bauch«, wie es damals hieß, und nicht etwa um Tagessätze und Bewährungsstrafen ging.

In den fast 600 Jahren ihres Bestehens war die Linde stummer Zeuge vieler menschlicher Schicksale. Unbeschadet überstand sie die Zeiten nicht: Irgendwann in der zweiten Hälfte des 16. Jahrhunderts soll der Baum von einem heftigen Sturm umgerissen worden sein und tat es so dem nahen Kirchturm gleich, der ebenfalls zusammenfiel. Letzterer wurde wiederaufgebaut, während sich die Linde selbst heilte.

Aus dem übrig gebliebenen Wurzelstamm entsprangen sieben neue Stämme, die der Linde ihr skurriles Aussehen verleihen. Der besondere Baum wird von den Rückerothern sehr geliebt. Gerade die älteren Mitbürger erinnern sich gern an ihre Kindertage, als die Linde als natürlicher Kletterpark diente. Seit den 1930er Jahren steht die vitale Gerichtslinde unter Naturschutz, wächst seither vor sich hin und bietet einen willkommenen Unterschutz für einige Vogelarten.

Adresse Hauptstraße 5 (evangelische Kirche), 56242 Rückeroth | ÖPNV Bus 160A ab Selters | Anfahrt von der B413 auf die Wiedstraße, danach auf die L305, dann auf die Hauptstraße | Tipp Nicht nur die Kirche ist sehenswert, sondern auch das Pfarrheim, dessen Außenfassaden aus originalem Selterser Trachyt bestehen.

88 Das Keverich-Grab

Die letzte Ruhestätte von Beethovens Opa

Ganz in prächtigem Weiß steht sie dort: die katholische Pfarrkirche St. Adelphus im Örtchen Salz bei Wallmerod. Das Gotteshaus macht eine ansehnliche Figur. Noch spannender ist die Person, die dort ihre letzte Ruhestätte gefunden hat. Johann Heinrich Keverich verrichtete seinen Dienst am Hofe von Johann Philipp Reichsgraf von Waldersdorff, seines Zeichens Kurfürst und Erzbischof von Trier von 1756 bis 1768. Keverich war sein Oberhofkoch. Bei allem gebührenden Respekt vor diesem noblen Beruf: Dies allein rechtfertigt normalerweise nicht die ehrenvolle Bestattungsart inklusive Gedenktafel. Vielleicht lag es daran, dass Keverich einen prominenten Enkel hatte, nämlich das musikalische Genie Ludwig van Beethoven.

Die Tochter des Kochs, Maria Magdalena, hatte eine Cousine, die mit Johann Konrad Rovantini, einem Violinisten der Bonner Hofkapelle, vermählt war. Über diese Beziehung lernte Maria Magdalena vermutlich einen Kollegen Rovantinis namens Johann van Beethoven kennen. Aus der Bekanntschaft entwickelte sich echte Liebe, Maria und Johann heirateten 1776 in Bonn. Sie bekamen sieben Kinder, von denen vier bereits sehr früh starben. Der junge Ludwig sollte schließlich einer der berühmtesten Symphoniker der Menschheitsgeschichte werden. Die Vita des Komponisten ist hinlänglich bekannt.

Aber was wurde aus Großpapa Keverich? Der erlebte weder die Hochzeit seiner Tochter noch die Geburt des Genies in spe mit. Er starb schon 1759. Dass dem Koch und Künstleropa eine derart prächtige Ruhestätte genehmigt wurde, liegt also wohl doch nicht an seinem Enkel. Wahrscheinlich war es lediglich eine besondere Geste der Wertschätzung derer von Waldersdorff, ihren Koch dort in der Salzer Kirche seinen Frieden finden zu lassen. Somit sei das hartnäckige Gerücht getilgt, dass Keverich nur durch den berühmten Ludwig die schicke Kirche für immer beziehen konnte.

Adresse Hauptstraße 24, 56414 Salz | ÖPNV Bus 450 von Wallmerod nach Salz | Anfahrt von Wallmerod kommend über die Neurother Straße, dann auf die Hainstraße, wird zur Hauptstraße | Tipp In der Umgebung von Salz finden sich tolle Wanderwege. Besonders erwähnenswert sind der Blasiussteig und die Wege rund um den kleinen Berg Girkenrother Kopf.

89 Die Abtei Sayn

Krokodile im Kreuzgang

Was trägt einen gedeckten Anzug mit Fliege, kommt aus Boston und ist außerordentlich musikalisch? Genau, ein Krokodil! Genauer gesagt ein Mitglied der »Harvard Krokodiloes«. So nennt sich die A-cappella-Gruppe einer der renommiertesten Elite-Unis überhaupt. Seit 1987 kommen die Sänger nach Sayn, stets im Rahmen der jährlichen Welttournee mit Start in Ostasien. Der Auftritt ist nicht Teil des Tourplans – die »Krokodiloes« unterbrechen diesen extra für den Zwischenstopp im südlichen Westerwald.

Die Hintergrundgeschichte der Stippvisite ist jene: Der Fürst von Sayn, Alexander von Sayn-Wittgenstein, lädt die zwölf »Kroks« aus alter Verbundenheit Jahr für Jahr in den Heimatort der alten Adelsfamilie ein. Denn der Fürst ist selbst Harvard-Alumni und machte dort 1968 seinen Abschluss.

Der Auftrittsort der »Krokodiloes« wechselt immer wieder. Aber in Sayn muss es sein! Manchmal singen sie im Kreuzgang der Abtei, mal in der Messe und im anderen Jahr ganz oben auf der ehrwürdigen Burg Sayn. Eine gute Tradition ist es, dass alle Erlöse dem Förderverein der Abtei Sayn zugutekommen, der sich rührig um den Erhalt des Erbes des ehrwürdigen Gebäudes aus dem 13. Jahrhundert kümmert. Rund 100.000 Euro kamen so in den letzten 30 Jahren zusammen. Wenn die »Krokodiloes« einladen, dann klingelt die Kasse: Sämtliche Aufführungen sind stets restlos ausverkauft. Dafür sorgen der turbulente A-cappella-Mix aus Jazz, Swing und Broadway-Musik sowie die sympathische Bühnenshow. Denn die »Kroks« bringen eine ordentliche Portion Humor mit. Nicht umsonst ist das offizielle Logo der Gruppe ein Krokodil, das in einem Kessel liegend einen zünftigen Humpen Bier in den Krallen hält. »Nunc Est Cantandum«, heißt es dort auf einer Banderole, also »Jetzt wird gesungen«, in freier Anlehnung an den Satz »Nunc Est Bibendum«, der in harvardschen Studentenkreisen sicherlich ebenfalls Anwendung findet.

Adresse Abteistraße 132, 56170 Bendorf-Sayn | ÖPNV Bus 8 ab Stadtmitte Bendorf | Anfahrt von Bendorf über Koblenz-Olper-Straße, dann auf Schlossstraße und Brexstraße | Öffnungszeiten täglich 11–17 Uhr | Tipp Im Museum Heins Mühle, ebenfalls in Sayn, wird die Tradition des Müllerhandwerks hochgehalten. Auch finden dort viele Kulturveranstaltungen statt.

90 Die Mikwah

Ein Blick in das einst reiche jüdische Leben

Die Stadt Selters beherbergte einst eine lebendige jüdische Gemeinde. Um 1820 lebten dort 62 Menschen jüdischen Glaubens – das machte etwa zehn Prozent der Gesamtbevölkerung aus. Die Gemeinschaft pflegte ihre Traditionen. So wurde ein eigener Friedhof angelegt, auf dem einige Grabinschriften in Hebräisch gehalten sind. Nach 1933 wurden die Selterser Juden zunächst Opfer von Schikanen, später von ungezügelter Gewalt. Schon für den September 1938 sind Ausschreitungen überliefert. Fensterscheiben wurden eingeschmissen und Geschäfte beschädigt. Trauriger Höhepunkt war der 10. November, als mit der Synagoge das wichtigste jüdische Zentrum der Stadt niedergebrannt wurde. 36 Selterser Juden wurden in Vernichtungslagern ermordet; Simon Danzig war der letzte Jude, der Selters verließ. Das war am 3. Oktober 1939, und der Ort galt nun im Nazijargon als »judenfrei«. In nur wenigen Jahren wurden fast vier Jahrhunderte jüdischer Kultur in einem Handstreich ausgelöscht.

Doch es gibt sie noch, die Spuren des einst reichhaltigen jüdischen Lebens. Eine davon ist die Mikwah, ein im Boden eingelassenes Badebecken. Dort, im Gebäude in der Bahnhofstraße, konnten Menschen jüdischen Glaubens komplett im Wasser untertauchen. Die Beckentiefe von 85 Zentimetern machte es möglich. Zur Körperhygiene war das Bad nicht gedacht. Vielmehr diente es der spirituellen Reinigung von Herz und Geist. Abgewaschen wurde so der Schmutz der Seele, der gemäß jüdischen Glaubens das reine Wesen des Menschen trüben soll.

Das Wasser durfte nicht hineingeschüttet werden, es musste »lebendig sein« und aus dem Grundwasser gespeist werden. Das erklärt auch das tief liegende Becken, zu dem vier Stufen hinabführen. Für einen ausreichenden Wasserspiegel sorgte der Saynbach, der in der Nähe vorbeifließt. Betreten kann man die Mikwah nicht. Aber eine transparente Platte aus Glas erlaubt einen Einblick.

Adresse Bahnhofstraße 8, 56242 Selters | ÖPNV Bus 160A ab Dierdorf | Anfahrt von Dierdorf über die L267, dann auf die Rheinstraße | Tipp Südlich von Selters ist auf einer bewaldeten Anhöhe die Denkmalzone Jüdischer Friedhof zu besichtigen.

91 Die Sternwarte

Von Sessenbach nach Alpha Centauri

»Das Weltall, unendliche Weiten. Dies sind die Abenteuer des Raumschiffs …« So startet eine außerordentlich beliebte Science-Fiction-Serie. Wer sich jedoch im Westerwald aufhält, kann das Universum auch ganz ohne weltraumtaugliches Fortbewegungsmittel erkunden. Dazu bedarf es nur eines Trips nach Sessenbach. Dort steht die Sternwarte Klaus Völkels. Sieben Teleskope sind in den Himmel gerichtet, stets auf der Suche nach faszinierenden Erlebnissen und Erkenntnissen. Der Blick ins Firmament wird hochmodern möglich gemacht: Computer übernehmen die Regie und steuern die Besucher mit ein, zwei Mausklicks zu den schönsten Sternenkonstellationen. Auch für Hobbyfotografen ist das interessant. Wer einen besonders schönen Stern entdeckt hat, kann die Erinnerung festhalten und per USB-Stick mit nach Hause nehmen.

Selbst wenn das Wetter eher durchwachsen ist, lohnt sich der Ausflug. Es gibt auch ein Planetarium. Ein Digitalprojektor zeigt rund 2.500 verschiedene Sterne, Galaxien, Planeten, Sternhaufen und die Milchstraße. Ebenfalls werden die mythologischen Sternbilder und Himmelsmechaniken visualisiert.

Ein weiterer Clou ist das Sonnenteleskop. Ein Blick mit bloßem Auge kann gefährlich sein. In Sessenbach bietet sich dank des speziellen Fernrohrs jedoch ein völlig unschädlicher Blick – ein einmaliges Spektakel.

Besonders toll ist, dass all das, was erspäht wird, auf eine Großbildleinwand übertragen wird. So haben auch Menschen mit Handicap die Möglichkeit, an diesem einmaligen Ausflug vom Westerwald ins Universum teilzunehmen. Die Sternwarte hat keine festen Öffnungszeiten. Deshalb muss vorher ein Termin vereinbart werden. Wer keine Möglichkeit hat, selbst vorbeizukommen, braucht nur sieben mal fünf Meter Platz und eine Deckenhöhe von 2,80 Metern. Denn so groß ist das mobile Planetarium Völkels, das gerade bei Schulklassen der Oberhit ist.

Adresse In der Hohl 1, 56237 Sessenbach, www.sternwarte-sessenbach.de | **ÖPNV** Bus 319 ab Bahnhof Höhr-Grenzhausen nach Sessenbach | **Anfahrt** von Bendorf über die L306, hinter Nauort rechts nach Sessenbach | **Öffnungszeiten** nach Vereinbarung | **Tipp** Sessenbach hat einen Wichtelwald: Wer auf der Straße Im Schopp spaziert, kann die hölzernen Waldbewohner entdecken.

92 Das Tonbergbaumuseum

Glück auf und gute Hoffnung

Dass sich das Leben in der Historie des Westerwaldes nicht nur über, sondern auch unter der Erde abspielte, ist ein erwiesener Fakt. Überall entstanden Minen, in denen Bergleute unter harter Arbeit der Erde ihre Schätze abrangen. »Schätze« ist indes ein variabler Begriff. In Siershahn bei Wirges gingen die Kumpel nicht auf die Jagd nach Kupfer oder Silber – sie gruben nach Ton, einem zweifelsohne wichtigen Werkstoff. Der Name ihres Einsatzortes schürte Optimismus: »Gute Hoffnung« hieß die Schachtanlage, in der 20 Bergmänner in einer Tiefe von 38 Metern ihre Arbeit verrichteten. Pro Schicht, und hier wurde in zwei Teams geschafft, wurden bis zu 60 Tonnen weiß brennender Ton zutage gefördert.

Wirklich lange bestand die »Hoffnung« nicht: Von 1962 bis 1979 wurde hier nach Tonklumpen gebuddelt. Wie anstrengend dieser Knochenjob gewesen sein muss, lässt sich nur erahnen. Aber einen Hauch Minenfeeling können Besucher heute im Tonbergbaumuseum erhaschen, dessen Basis jene Schachtanlage bildet. Ein Stollen wurde gar sehr authentisch nachgebaut. Ein Eintauchen in die Welt des Untertagebaus ist so noch immer möglich. Gerade beim Rohstoff Ton ist das nicht mehr üblich. Heutzutage wird das formbare Mineral überirdisch abgebaut.

Auch um die Schachtanlage herum gibt es viel zu entdecken. Altertümliche Loren passen ganz ausgezeichnet in die Wellblech-Ästhetik der patinierten Hütten der Bergbauzeit. Das alte Maschinenhaus wurde vollständig saniert.

Dies ist der Arbeit des Tonbergbauvereins Westerwald zu verdanken, der das Museum bis heute betreibt. Ein Ansinnen dahinter wird zweifellos der niedrige Bekanntheitsgrad der Geschichte des Tonabbaus im Westerwald sein. Erze oder Schiefer stehen stets im Mittelpunkt bei Bergbaufans, zumindest gefühlt. Dank des Museums ist diese Epoche regionaler Bergbaugeschichte ein wenig mehr in den Fokus gerückt.

Adresse Poststraße 39–41, 56427 Siershahn | ÖPNV RB29 von Wirges nach Siershahn, von dort 600 Meter zu Fuß | Anfahrt von der A3 kommend durch Mogendorf auf die Bahnhofstraße fahren, dann rechts in die Poststraße abbiegen | Öffnungszeiten Mi 14.30–17.30 Uhr sowie nach Absprache, Infos unter www.tonbergbaumuseum.de | Tipp Bei Dierdorf gibt es eine weitere ehemalige Tonabbaustätte: die Tongrube Melsbach.

93_Die Villa Haas

Wo Füchse predigen und Rehe den Rasen mähen

Atemberaubend, zauberhaft, ästhetisch: Wer die Villa Haas beschreiben will, findet wahrscheinlich im Duden nicht genügend Synonyme für das Adjektiv »schön«. Denn das ist das imposante Bauwerk aus dem 1892 in jedem Fall. Es war der Bergbauunternehmer und geheime Kommerzienrat Rudolph Haas, der die Villa errichten ließ und seinen persönlichen Geschmack an jeder Ecke verewigte. Auch sein Kunstanspruch war groß. Schon der Anblick beim Betreten des weitläufigen Areals verzaubert. Auf den grünen Wiesen tummeln sich Rehe, die als lebende Rasenmäher eingesetzt werden. Verwunschene Grotten und zugewachsene Lauben verschmelzen mit blühenden Orchideen und duftendem Holunder. Das historische Teehaus wirkt wie aus einer anderen Welt – Gleiches gilt für den imposanten Eiskeller.

Der ist vollständig im Original erhalten, genauso wie die mahnende mittelalterliche Sprachallegorie an den Entlüftungsanlagen: »Hi tut dip heim« – »Wenn der Fuchs predigt, hüte die Gänse«. Und sowieso geht es dort recht tierisch zu. Denn auch eine riesengroße Plastik eines Hasen blickt über das märchenhafte Gelände. Die rührt vom ähnlich klingenden Nachnamen des Geheimen Kommerzienrates her. Absolut witzig ist auch eine andere Ecke. Es gibt eine Freiluftdusche, die mit dem Schwäbischen Gruß des Götz von Berlichingen verziert ist. Fans von Goethe wissen um die derbe Phrase.

Kurios ist des Weiteren eine Kanone, die die Aufschrift »Gayre ay Ghapet« trägt. Es wird vermutet, dass das Geschütz ursprünglich von einer Burg im Westen Schottlands stammt. Heute öffnet die Villa Haas ihre Pforten zu besonderen Kultur- und Festveranstaltungen. Aber auch Führungen sind möglich. Tolle Sache: Alle Gewinne, die durch diese Aktivitäten erwirtschaftet werden, fließen eins zu eins in ein Hilfsprojekt in Uganda. Heute wird das märchenhafte Gelände für Fotoshootings und als Drehort von Filmproduktionen genutzt.

Adresse Rudolfstraße 1, 35764 Sinn, www.villa-haas.com | **ÖPNV** RB40 ab Dillenburg nach Sinn, von dort aus etwa 1,1 Kilometer zu Fuß | **Anfahrt** in Dillenburg der B277 nach Sinn folgen, dann auf die Rudolfstraße | **Öffnungszeiten** nach Vereinbarung, Infos siehe Homepage | **Tipp** In Sinn ist auch die Glockengießerei Riencker beheimatet, eine der ältesten Gießereien Deutschlands.

94__Der alte Bahnhof

Aus einem alten Schuppen wird ein Schmuckstück

Lange kann es nicht mehr dauern. Schon bald wird die schnaufende Dampflokomotive in Sicht kommen. Viele Menschen warten hier am Steig des Bahnhofs von Gebhardshain sehnsüchtig auf den Zug. Es herrscht emsiges Treiben, Männer mit Koffer und Hut hasten zum Gleis und winken der Familie ein letztes Mal zu. Touristen von Rhein und Ruhr mit Lust auf Landluft steigen aus, bevor die Lok die Waggons weiterzieht.

Diese und andere Szenen gesellschaftlicher Vitalität mögen sich einst am Bahnhof in Gebhardshain abgespielt haben. Dabei ist die Vorstellung wahrscheinlich spannender als das, was die Haltestelle wirklich hinter sich hat. Als die große Eisenbahnära im Westerwald ein Ende gefunden hatte, war auch auf dem Bahnhofsgelände tote Hose. Dabei hatte für das Gebäude, das teilweise in Fachwerk gehalten war, alles so gut angefangen. Die Bahn hatte erst zur Hochkonjunktur in der Region geführt. Anschließend, als der Boom abebbte, blieben vereinsamte Gleise und leer stehende Bahnhöfe. Auch die dortige Station verwaiste, verwitterte und glich mehr einer Bruchbude als einem einstigen Hotspot des Verkehrswesens. Dass der Bahnhof unter Denkmalschutz stand, sah man ihm nicht an.

Die Besitzer wechselten, und niemand machte Anstalten, das eigentliche architektonische Kleinod wieder aufzupolieren. Dies blieb 110 Jahre so, bis Martin Kämmerer das Haus erstand. Der neue Hausherr setzte sich zum Ziel, aus dem Schandfleck ein Schmuckstück zu machen. Das gelang ganz nah am Original. Der Schieferbehang an Dach und Wänden wurde wiederhergestellt, und auch das uralte Bahnhofsschild mit der Ortsangabe »Gebhardshain-Steinebach«, wie die Ex-Haltestelle der Westerwaldbahn korrekt hieß, ist noch sichtbar. Auch die Fenster wurden restauriert. So wurde aus dem alten Bahnhof wieder das, was er auch sein sollte: ein sehenswertes Relikt der einst stolzen Eisenbahnkultur im Westerwald.

Adresse Haltepunkt Gebhardshain-Steinebach, nahe Steinebacher Straße, 57580 Steinebach an der Sieg | **ÖPNV** Bus 271 ab Betzdorf | **Anfahrt** von Betzdorf über die L288, durch Elben, dann auf die Steinebacher Straße | **Tipp** In Gebhardshain gibt es ein Puppenmuseum mit etwa 50 Exponaten.

95 Die Grube Bindweide

Durchatmen unter Tage

Das Erdreich des Westerwaldes ist durchlöchert wie ein Schweizer Käse. Einst eine stolze Bergbauregion, reihte sich Stollen an Stollen. Die Zeiten sind lange vorbei, doch hier, im ländlichen Pendant des Ruhrgebiets, zeigen sich noch allerorts die Spuren des Erzabbaus. Während viele Stollen schlicht vergessen wurden und verfallen, wird das Erbe der Kumpel in Steinebach hochgehalten. Das erste Mal wurde hier 1853 nach wertvollen Erzen gegraben, und dies recht erfolgreich. 1872 erfolgte eine traurige Zäsur: Die Grube stürzte ein, und das Geröll begrub 14 Bergmänner unter sich. Doch die Bindweide fand zu neuem Ruhm. 1909 wurde ein zweiter Stollen gebuddelt – das machte die Grube zur größten in der Region.

Dem Fels wurden in der Folgezeit fünf Millionen Tonnen Erz von etwa 900 hart schuftenden Arbeitern abgerungen. 1932 war dann Schicht im Schacht: Die Abbaubedingungen wurden immer schwieriger, und die Weltwirtschaftskrise machte die Erzförderung unwirtschaftlich. Die Lampen gingen aus – bis 1986. Denn dann wurde die alte Grube in ein Besucherbergwerk umgewandelt. Und das kann sich sehen lassen. Noch 2013 zuletzt umfassend modernisiert, bietet die Bindweide heute hautnahe Einblicke in die Bergbauwelt.

Die Gäste können mit einer originalen Grubenbahn durch den Untergrund tuckern oder in der Schmiede mit Hammer und Amboss glühendes Eisen bearbeiten. Es gibt sogar einen Heilstollen: In den unterirdischen Gängen ist die Luft so rein und frei von Schadstoffen, dass dem Aufenthalt dort eine heilsame Wirkung nachgesagt wird. Solche Luftkurtunnel gibt es insgesamt nur elf Mal in Deutschland. Auch für diejenigen, die an der Heilwirkung zweifeln, lohnt sich die Abfahrt in die Erde. Die alten Gänge sind erfüllt von den zarten Geräuschen gelegentlich herabfallender Wassertropfen. Nichts stört diese Ruhe – auch kein Handy. Denn Empfang hat hier unten wirklich niemand.

Adresse Bindweider Straße 2, 57520 Steinebach an der Sieg | **ÖPNV** Bus 271 ab Busbahnhof Betzdorf, Haltestelle Bindweider Straße | **Anfahrt** von Betzdorf kommend auf der L288 über Steineroth und Elben, in Steinebach rechts abbiegen auf die Bindweider Straße | **Öffnungszeiten** Mi, Sa, So und Feiertage 14–17 Uhr | **Tipp** Regelmäßig findet im Ort eine Mineralienbörse statt, bei der sich Fans von Kristallen und Gestein austauschen können.

96 Der alte Torbogen

Von alten Ruinen und liberalen Beziehungen

Burgruinen gibt es im Westerwald wie Sand(-Burgen) am Meer. Ein ganz besonderes Exemplar befindet sich in Steinebach an der Wied. Dort steht ganz allein auf weiter Flur nur noch ein einsamer quadratförmiger gotischer Torbogen. Was einst drum herum gestanden haben mag, ist unbekannt. Sicher ist, dass es sich um eine Niederungsburg handelte. Typisch für diese Art von Burgen im Flachland war eine außerordentlich massive Befestigung durch Mauern und Wälle. Auch davon ist in Steinebach kaum mehr etwas zu sehen.

Reste von Wirtschaftsgebäuden konnten nicht aufgespürt werden. Immerhin scheint festzustehen, dass die Burg im 13. oder 14. Jahrhundert entstanden ist und viele Besitzer gesehen hat. Anscheinend geht der desolate Zustand auf dieses Hin und Her der desinteressierten Burgherren zurück, die sie schlicht verfallen ließen. Bestimmt wäre es für Geschichtsfreunde eine Wonne, wäre die Festung zumindest einmal massiv belagert worden.

Doch so war es nicht: Die klitzekleine Burg war absolut unwichtig. Und doch erlebt die Burg, oder vielmehr der Torbogen, heute eine kleine Sternstunde. Ein Heimatverein befüllte Anfang der 1990er Jahre den Graben wieder mit Wasser, das Portal wurde saniert. Und siehe da: Ein wundervolles Areal entstand. Natürlich rankt sich eine Legende um das Gemäuer: Einst soll ein Ritter aus Steinebach auf den Kreuzzügen die Tochter eines Sultans geehelicht haben. Dies geschah angeblich, nachdem der Edelmann die Kunde vernommen hatte, dass seine eigentliche Gattin verstorben sei. So brachte er seine neue Angetraute aus dem Morgenland mit nach Steinebach, um festzustellen, dass seine Ehefrau quicklebendig war. Ein Problem war das nicht: Ganz liberal verbrachten die drei ein Leben in Polygamie. Was die Kirche zu der Dreiecksbeziehung sagte, ist nicht überliefert. Jubel wird diese Form der Ehe wohl kaum ausgelöst haben.

Adresse Burgstraße, 57629 Steinebach an der Wied | **ÖPNV** Bus 430 aus Hachenburg bis Ortsmitte, von dort wenige hundert Meter nach Norden | **Anfahrt** über die L292 von Hachenburg kommend, kurz vor dem Übergang zur Mittelstraße rechts auf die Burgstraße | **Tipp** Genau zwischen Steinebach und Enspel befindet sich mit »Bei Linden« ein bei Wanderern beliebter Aussichtspunkt.

97 Das Hofgut Schönerlen

Ein Areal älter als der Westerwald

Es könnte kaum malerischer sein: Der Holzbach plätschert gemächlich in den nahe gelegenen Hausweiher, und Vögel zwitschern aus dem satten Grün der Baumkronen. Der Westerwald ist bestens dafür geeignet, die Zeit zu vergessen. Wer sich dennoch nach der Uhrzeit erkundigen möchte, könnte dies am Hofgut Schönerlen nahe Steinen tun. Denn an der Südseite des Gebäudes prangt ein Chronograf, verwittert und lange nicht mehr im Takt. Doch mit der Zeit an sich hat man es hier sowieso nicht. Das Areal wurde schon vor vielen Jahrhunderten genutzt, als der Westerwald noch nicht einmal Westerwald hieß.

Aber alles der Reihe nach. Es war das Jahr 853, und Schönerlen wurde erstmals urkundlich erwähnt und in einem Atemzug mit dem König der Karolinger, Lothar, genannt. Seinerzeit, so wird vermutet, war es ein Königsgut. Die Grafen von Wied tauchten in den Dokumenten erst 1347 auf, als sie das Lehen an ihre Verwandten, die Familie von Erlen, vergaben. Das waren keine einfachen Leute: In der Linie finden sich klangvolle Namen wie der des Ritters Rorich von Schubach.

Schließlich wechselten die Besitzer in beständigem Hin und Her. Zum Jahr 1683 war das Hofgut wieder im Besitz derer von Wied, und es war Graf Friedrich, der den ortsprägenden Hausweiher zwecks Befischung anlegte. Und dann kam es zur Zäsur. Soldaten des Kurfürstentums Trier überfielen den Hof 1746. Ob dies der Grund ist, warum Schönerlen bis 1910 aus den Urkunden praktisch verschwand, ist unbekannt. Auch die Gebäude waren nicht mehr zu sehen. Doch dann, im beginnenden 20. Jahrhundert, wurde das Gut durch die Grafen von Wied wieder aufgebaut. So sollte die fischwirtschaftliche Nutzung wieder intensiviert werden. Das blieb bis 2019 so. Denn da übergab Fürstin Isabella zu Wied das Areal an den Naturschutzbund, denn Flora und Fauna dort sind genauso abwechslungsreich wie die Historie des reizvoll zu betrachtenden Hofgutes.

Adresse Hofgut Schönerlen 2 (Campingplatz), 56244 Steinen | **ÖPNV** Bus 431 von Selters, Haltestelle Steinen | **Anfahrt** Ort direkt an der B8 von Limburg nach Siegburg | **Tipp** Wer eine Nacht in der Umgebung verbringen möchte, hat auf dem ringsherum entstandenen Campingpark Hofgut Schönerlen von Christoph Kopper die Gelegenheit dazu.

98 Der Kühlschrank

Wasser marsch für alle Dürstenden!

Was Bernd Meuer von seiner Terrasse in Stromberg aus beobachtete, stimmte ihn nachdenklich. Immer mehr japsende und durstige Wandersleute passierten sein Sichtfeld. Denn ganz in der Nähe führt der Saynsteig vorbei, ein beliebter Wanderweg, dem die Touristiker der Region den Stempel »Premiumwanderweg« verpassten.

Sehenswert ist er wohl, doch es gibt ein Problem: Wenn die Wandervögel den Bendorfer Stadtteil Stromberg erreichen, dürstet es den ein oder anderen. Denn bis dorthin gilt es, ein paar Höhenmeter zu bewältigen. Wenn Meuer, auf seiner Terrasse sitzend, eine Antwort auf die Frage »Wo gibt's denn hier etwas zu trinken?« finden sollte, grübelte er lang. Denn in »Strömerich«, wie es die Einwohner nennen, gibt es weder ein Lokal noch einen Tante-Emma-Laden. So kamen die Anwohner auf die Idee, für die Dürstenden einen Kühlschrank aufzustellen. Für nur einen Euro darf sich jeder mit »ordentlichem Brand« eine Plastikpulle Wasser im 0,5-Liter-Format nehmen. So steht es ausdrücklich in den Statuten, die außen am Kühlschrank angepinnt sind. Eine Regel, an die sich schon lange kaum einer mehr hält – meistens geben die Wanderer mehr. Denn mittlerweile ist der öffentliche Schrank, der auch mangels Stromanschluss gar nicht mehr kühlt, als superkultiges Objekt bei Wanderfreunden akzeptiert. Es wurden bereits Musikstücke zu Ehren des alten Elektrogerätes verfasst.

Dass der Lack bei dem Modell »Liebherr Comfort« ein bisschen ab ist, stört nicht. Sicherheitshalber haben die Nachbarn den Hinweis angebracht, dass es sich bei dem optisch angegriffenen Gerät keineswegs um Elektroschrott handele. Zu groß wäre die Gefahr der Entsorgung durch die Abfallbetriebe.

Übrigens: Mit dem »Gewinn« weiß man in Stromberg durchaus etwas anzufangen: Ist das Sparschwein gefüllt, starten die Nachbarn das »Wasserfest«. Wichtig: Es gibt eine Menge Getränke – nur Wasser darf es nicht sein!

Adresse Im Baumbachsgarten, 56170 Bendorf-Stomberg | ÖPNV Bus 319 von Bendorf Rathaus nach Höhr-Grenzhausen | Anfahrt von Bendorf via L306 nach Stromberg, dort auf Bornweg abbiegen, anschließend auf Im Baumbachsgarten | Tipp Wer lieber ruhig wandert, sollte den Caanwiesenweg in der Caaner Schweiz besuchen. Er verläuft nur wenige Kilometer von Stromberg entfernt.

99 Das Tauchboot Bruni

Ein Facharbeiter unter dem Meer

Gestatten, Bruni. Das quietschgelbe Tauchboot empfängt alle Besucher des Heimatmuseums in Thalheim mit einer Lackierung, die sofort den Griff an die Sonnenbrille attraktiv erscheinen lässt. Doch Bruni, ja, so heißt das Mini-U-Boot mit Propellerantrieb wirklich, hat schon bessere Tage gesehen. Ein wenig patiniert, ein bisschen rostig steht sie vor der Tür des Museums und hat ihre besten Tage im aktiven Dienst hinter sich. Erbaut wurde Bruni vor über 40 Jahren von der Universität Hamburg. Wer nun vermutet, dass Bruni auf der Suche nach mystischen Wesen die Tiefen der Nordsee durchquerte, irrt leider. Die gelbe Blechbüchse war Facharbeiter und ging unbemannt und mit Kamera auf die Suche nach kaputten Kabeln und leckgeschlagenen Rohren.

Eine Person hätte zwar in Bruni Platz finden können, doch für jeden Menschen mit nur einem Hauch von Klaustrophobie wäre ein Trip per Boot eine qualvolle Pein gewesen. Stattdessen ist Bruni vollgestopft mit allerlei altertümlicher Technik, Batterien und Messgeräten.

Dass Bruni ihrem Ruhestand im Westerwald frönen kann, ist Klaus Heep zu verdanken. Irgendwann soff das Boot auf einem Tauchgang ab und tauchte irgendwie an Land wieder auf – und zwar in Koblenz. Keiner weiß so recht, wie das geschah, wo sie versank oder wer sie barg. Aber Heep nahm sich ein Herz, denn das seine schlägt für Technik. Also polierte er das U-Boot in seiner Werkstatt wieder auf und ersetzte einige Teile. Die exotische Maschine sorgte im Dorf für Furore.

Ein Höhepunkt in Brunis Vita: ein »Interview« mit der »Frankfurter Neuen Presse«. Auch wenn Heep viel aufhübschte, soll die alte sonnengelbe Hülle mit ihren winzigen Schönheitsfehlern in dieser Form erhalten bleiben. Wie gesagt: Bruni ist in Rente, und tauchen muss die Drohne ja nicht mehr. Und wahrscheinlich wäre wegen der kleinen Makel in der Außenhülle auch jeder Tauchversuch der letzte.

Adresse Wirtshof 2, 65599 Dornburg-Thalheim | ÖPNV Bus 281 von Hadamar nach Thalheim | Anfahrt von Hadamar über die L3278, dann auf Unter Eichen, anschließend auf Wirtshof | Tipp Ein weiteres schönes Dorfmuseum befindet sich in Wilsenroth, das ebenfalls ein Ortsteil von Dornburg ist.

100 Die Graffiti-Wand

Kunst, Kitsch und jede Menge Liebe für die Heimat

Wir wissen es nicht erst seit Monty Python: Die Briten sind ein bisschen anders. Aber einer der wohl sympathischsten und kauzigsten Exporte aus dem United Kingdom ist ohne Zweifel Gary Blackburn. Der Brite liebt sein Mutterland – und die Natur. Nach seiner Ausbildung zum Baumchirurg im berühmten Sherwood Forest (das ist kein Witz) emigrierte er in den Westerwald und eröffnete dort einen Baumpflegedienst. Nebenher schuf Blackburn eines der erstaunlichsten Privatmuseen rund um das Thema Großbritannien. Und das ist ein echter Hit.

Das bunte Sammelsurium bietet alles, was »very british« ist: rote Telefonzellen, Bärenfellmützen, einen Doppeldeckerbus und einen wahrhaftigen britischen Kampfpanzer. Die Grenze zwischen Kitsch und Kunst ist fließend, aber hinter jedem Ausstellungsstück stecken eine Story und jede Menge Herz. Blackburn hatte lange Trouble, einen Platz zu finden, auf dem er seine Ausstellung zeigen durfte. So gab es bereits einen Ortswechsel, und auch der auf einer Bank sitzende »Mr. Bean« aus Plaste, eines seiner schönsten Stücke, zog mit Sack und Pack um. Wahrhaft wie in Stein gemeißelt ist aber die Graffiti-Wand »Little Britain« aus der fachkundigen Hand der Künstlerin AndyMo aus Mendig. In Überlebensgröße zeigt das Wandkunstwerk die Helden der epischen Geschichte Großbritanniens: Mit dabei sind Robin Hood, Merlin, King Arthur, ein wilder schottischer Krieger und einige mehr. Frappierend ist die Ähnlichkeit der Dargestellten mit Blackburn und seiner Familie – an einen Zufall ist hier kaum zu denken!

Gleich dort, wo der Brite seine Baumfirma betreibt, steht diese besondere Graffti-Wand. Und die passt ganz hervorragend in die Blackburn'sche Sammlung. Etwas kitschig, etwas verschroben, aber immer verbunden mit dem Prädikat »wertvoll«. Denn so viel liebenswerte Leidenschaft für Queens, Kings und Corgys gibt es wohl nur einmal.

Adresse Bahnhofstraße 12, 53560 Vettelschoß | **ÖPNV** Bus 135 von Linz am Rhein | **Anfahrt** von Linz am Rhein der L253 nach Vettelschoß folgen, dort links auf die Hauptstraße | **Tipp** Fans der Welt Blackburns können noch tiefer darin eintauchen: Nebenan gibt es das »Little Britain Inn«, ein Hotel mit acht Themenräumen rund um das Thema UK.

101 Das Glockenspiel

Perfekter Weihnachtssound mit 23 Glocken

Wer zur richtigen Zeit den richtigen Ort in Waldbreitbach aufsucht, kann in den Genuss der Klänge eines recht speziellen Musikinstruments kommen. Das Glockenspiel am Rathaus bimmelt seit Dezember 2003 sechsmal am Tag und ist originaler Bestandteil des weit über die Grenzen Waldbreitbachs hinaus beliebten und bekannten Weihnachtsdorfes. Die 23 Glöckchen werden übrigens von einem Mitarbeiter der Verwaltung gespielt. Ein echter Musiker ist der Beamte aber nicht, und selbst an den Glocken bimmeln muss er auch nicht.

Der Glockenspieler tippt die passenden Codes in ein Steuerpult ein, die für ein spezielles Musikstück stehen. Das Repertoire ist reichhaltig: Bis zu 60 verschiedene Melodien hat man im Kasten. Je nach Jahreszeit wird dann ein treffendes Musikstück ausgewählt. Natürlich schlägt hier, in der Westerwälder Weihnachtshauptstadt, das Herz besonders intensiv für Liedgut, das auf die Festtage hinweist. Und gerade »Kling, Glöckchen« steht hoch im Kurs. Durch den Sound der Glocken kommt solch altes Liedgut besonders urig daher. Das Weihnachtsdorf drum herum tut sein Übriges, um ein perfektes Winterwunderland zu schaffen. Und Mitsingen ist auch ausdrücklich erlaubt. Durch die einmalige Anordnung der Glocken erfreut das Arrangement nicht nur das Ohr, sondern auch das Auge.

Die Idee zur Errichtung des Glockenspiels hatte der Gewerbeverband. Neues hat hier Tradition: Alle zwei, drei Jahre bekommt das Weihnachtsdorf eine neue Attraktion. Sicherlich ist das Glockenspiel eine der schönsten. Doch da nicht 365 Tage im Jahr Advent sein kann, hat der Glocken-DJ im Rathaus auch andere Hits auf Lager. Zum Karneval laufen Fastnachtslieder, und wenn es gerade mal nichts zu feiern gibt, laufen Heimatmelodien. Somit lohnt sich ein Besuch beim Glockenspiel das ganze Jahr über. Das Glockenspiel erklingt täglich, aber am häufigsten im Advent.

Adresse Neuwieder Straße 28, 56588 Waldbreitbach, www.wiedtal.de | ÖPNV Bus 131 von Neuwied nach Waldbreitbach Mitte | Anfahrt von Bad Hönningen über die L257 auf Haupt- und Hönninger Straße, dann auf die L255 und die Neuwieder Straße | Öffnungszeiten Glockenspiel läutet um 10, 12, 14.30, 15.30, 16.30 und 17.30 Uhr | Tipp Einblicke in das einstige Müllerhandwerk bietet die Ölmühle Waldbreitbach.

102 Das Glockenhaus

Das kleinste Rathaus im Westerwald

Zugegeben: Die Glocke im Glockenhaus ist eher ein Glöckchen. Auch das Drumherum sieht ein wenig zu klein geraten aus. Das Haus ist wohl eher ein Häuschen. Aber genau das ist der Grund, warum die Wallmenrother mächtig stolz auf ihr Fachwerkhaus aus Eichenholz sind, gilt es doch als das kleinste Rathaus im ganzen Westerwald. In dem putzigen Gebäude dürfen sich Verliebte das Jawort geben und den Bund der Ehe schließen. Seit 2007 ist das Glockenhaus amtliche Außenstelle des Standesamtes von Betzdorf. Wann genau das Glockenhaus erbaut wurde, ist ungewiss. Die Chronisten des Ortes sind sich jedoch einig, dass dies Mitte des 17. Jahrhunderts geschehen sein muss und das einzigartige Gebäude mindestens satte 550 Jahre auf dem Buckel hat. Der Ort Wallmenroth wird bereits 914 in einer Urkunde der Pfarrei Haiger erwähnt.

Initial war das Häuschen eine Unterkunft für die Schafhirten des Dorfes. Aber immer wieder wurden dort auch Menschen einquartiert, die in Not geraten waren und Haus und Hof verloren hatten. Als Wohnhaus diente das Wahrzeichen des Ortes noch bis 1987, 1989 wurde es generalüberholt, schick renoviert und wird nun als Versammlungsort genutzt. Aufgrund der Größe ist eine Vollversammlung der Wallmenrother Einwohnerschaft jedoch schwerlich möglich.

Der Hingucker ist das Glockentürmchen samt Bimmelgerät. Der Aufbau wurde erst im 19. Jahrhundert hinzugefügt. Die Glocke darin zersprang eines Tages, wurde 1891 aus den Bruchstücken neu gegossen und hing dort viele Jahrzehnte lang. Den Zweiten Weltkrieg überlebte sie nicht. Sie wurde – aus solidem und »kriegswichtigem« Metall bestehend – eingeschmolzen. Aber schon 1947 klang das Glöckchen wieder hell, als ein Ersatz beschafft wurde. Früher schlug die Glocke, um die Uhrzeit anzusagen. Heute wird sie nur noch in der Silvesternacht um Schlag Mitternacht geläutet, um das neue Jahr zu begrüßen.

Adresse Dorfstraße 3, 57584 Wallmenroth | ÖPNV Bus 291 ab Betzdorf | Anfahrt von Betzdorf über die B62, dann auf die Gartenstraße | Tipp In der Nähe des Wallmenrother Glockenhauses steht die sogenannte »Geistertanne«. Ein alter Baum mit auffällig hohem Wuchs und großem Stammdurchmesser.

103_Das alte Gefängnis

Wo das Urteil immer »lebenslänglich« heißt

Adresse: Gerichtsstraße 1. Ort: Gefängnis. Urteil: lebenslänglich. Hoffentlich! Wer in Wallmerod im alten Gefängnis vor dem Beamten steht, bekommt – wenn alles gut läuft – einige Jahrzehnte aufgebrummt. Aber keine Sorge: Der Vollzug soll sehr angenehm sein. Hier werden nämlich keine Spitzbuben verknackt, und der Einzige, der hier scharf schießt, ist kein Wärter, sondern Amor höchstpersönlich.

Im alten Gefängnis darf geheiratet und somit der lebenslängliche Bund der Ehe geschlossen werden. Das ist seit 2014 möglich und hält für Frischvermählte nicht nur eine Anekdote zum Schmunzeln bereit (die Assoziation zum »Eheknast« liegt nahe), sondern auch erstklassige Fotomotive am wichtigsten Tag zweier Verliebter. Das renovierte Gebäude bietet einen wundervollen Mix aus Humor, Historie und Romantik. Sehenswert ist das Gebäude aber auch für Unvermählte. Etwa um 1830 gebaut, wurden dort Langfinger von der preußischen Polizei eingekerkert. Zumindest temporär, bis deren Unschuld oder Schuld feststand. Es handelte sich nämlich um ein Untersuchungsgefängnis. Ob die Schurken von früher einen Sinn für die Schönheit des ansehnlichen Zeltdachs hatten, ist wohl zweifelhaft.

Schwerstkriminelle sollen dort nicht eingesessen haben, und wenn, dann eben nur für den Übergang ins richtige Kittchen. Stattdessen gaben sich zwielichtige Taschendiebe, renitente Jugendliche oder sonstige Ganoven in den vier Zellen im Obergeschoss, die noch bis Mitte des 20. Jahrhunderts vor sich hin gammelten, die Ehre. Das Klima soll ganz passabel gewesen sein. Gemeinsam kehrten die Sträflinge die Straße, ackerten im Garten oder flanierten während der Freistunden durch Wallmerod. Anekdote am Rande: Die Mutter des letzten Vollzugsbeamten soll sogar täglich für die (schweren) Jungs gekocht haben, frisch und heiß serviert auf knasttauglichem und unzerbrechlichem Blechgeschirr.

Adresse Gerichtsstraße 1, 56414 Wallmerod | **ÖPNV** Bus 459 von Montabaur nach Wallmerod | **Anfahrt** über die B8 (Frankfurter Straße) auf die Gerichtsstraße | **Tipp** Das alte Gefängnis liegt in der Denkmalzone Ortskern. Dort stehen viele weitere Behördengebäude aus der Zeit, als Wallmerod ein Amt des Herzogtums Nassau war.

104 Der Schifffahrtstunnel

Vom Herzog, der den Berg durchstach

Das ist mal eine Inschrift mit Pathos: »Adolph, Herzog von Nassau, hat den Rücken des Berges durchstochen und den Schiffen geöffnet.« Auch wenn der Satz, der am nördlichen Eingang des Weilburger Schifffahrtstunnels steht, kaum hochtrabender sein könnte, war es doch eine geniale Idee, die der Herzog um das Jahr 1838 hatte. Anstatt die Weilburger Lahnschleife schiffbar zu machen, die zu dieser Zeit von mittelalterlichen Schutzwehren völlig verbaut war, wurde einfach ein Tunnel durch den Mühlberg gegraben. Das war auch nötig. Das in der Region abgebaute und begehrte Erz musste schließlich an die Kunden kommen.

Die Lahn kam der beginnenden Industrialisierung nur wenig entgegen. Stromschnellen und Sandbänke machten den Planern das Leben schwer, und die ollen Wehre aus dem Mittelalter waren praktisch der Super-GAU für die gewinnorientierten Nassauer. Schleunigst ging es an Schaufeln und Picken, und unter der Supervision zweier Oberbergräte namens Grandjean und Schapper wurde ein 150 Meter langer Tunnel gebuddelt und die Lahnschleife umgangen. Das dauerte drei Jahre, etwas länger als geplant. Aber 1847 war der Tunnel fertig. Dazu gab es auch eine Schleuse, die den Höhenunterschied von etwa 4,65 Metern zwischen Nord und Süd ausglich.

Die Bemühungen waren von Erfolg gekrönt, der Tunnel ist bis heute ein Rekordhalter. Schließlich ist er der längste noch befahrbare Schiffstunnel in ganz Deutschland! Als hätten es die Erbauer gewusst, ließen sie nicht nur die Inschrift mit dem Bombast-Spruch an der Nordseite befestigen, sondern hübschten die Tunneleinfahrten mit epischen Portalen aus Marmor von der Lahn auf. So stolz die Weilburger auf die nasse Bergquerung auch waren: Schon zehn Jahre später war sie bedeutungslos. 1857 tuckerte die Eisenbahn an der Lahn und somit ein praktischeres und effizienteres Transportmittel für die heimischen Erze.

Adresse Ahäuser Weg, 35781 Weilburg | ÖPNV RB26 von Wetzlar nach Koblenz mit Halt in Weilburg | Anfahrt auf der B456 aus Richtung Süden kommend in Weilburg auf die Weilstraße, dann auf Ahäuser Weg | Tipp In Weilburg ist das Kanufahren auf der Lahn überaus beliebt. Entsprechende Bötchen können dort ausgeliehen werden.

105 Die Basaltblöcke

Sehenswürdigkeit in nordsüdwestöstlicher Richtung

Eine Szene wie aus einem Abenteuerfilm. Mühsam erklimmt eine Gruppe mutiger Wandersleute steile Hänge. Ihr Ziel: die Kuppe des 610 Meter hohen Berges, der einst »Ketzerstein« genannt wurde. Nach dem anstrengenden Aufstieg kommt die Truppe oben an. Ein Blick auf den Kompass soll Orientierung verschaffen. Doch was ist hier los? Das Ding spinnt. Die Nadel fliegt geradezu von Nord nach Süd und umgekehrt. Liegt hier ein Magnet begraben? Kosmische Strahlung? Ein Bermuda-Dreieck im Westerwald? Nein, die Erklärung für das Phänomen des verrückten Himmelsrichtungsweisers ist viel wissenschaftlicher. Oben auf dem Ketzerstein findet sich eine äußerst interessante Formation von Basaltblöcken. Deren Eisenanteil ist derart hoch, dass jeder Kompass in der Nähe durchdreht.

Das ist nicht die einzige Besonderheit: Während Basalt, also erstarrte Lava, meist in Säulenform aushärtet, liegt er dort oben auf dem Ketzerstein in Klotzform vor. Erinnerungen an einen Opfertisch sind nicht allzu weit hergeholt. Es heißt, dass die Blöcke einst von Barbaren als rituelle Altäre genutzt worden seien. Da sich dies in Zeiten abgespielt habe, als es das Christentum noch nicht gab, seien hier Ketzer am Werk gewesen. Und daher hat der Berg angeblich seinen Namen … Stopp! Das ist nur ein weit verbreitetes Gerücht. Mit Gotteslästerei, heidnischen Riten und dergleichen hat die Bezeichnung des Hügels nichts zu tun. Der Wortbestandteil »Ketzer« stammt von »Katze«, einer mittelalterlichen Bezeichnung für einen Grenzübergang, über den Wanderer ins nahe Liebenscheid gelangten. Dies bezeugt auch der Name der Wüstung Katzhausen ganz in der Nähe. Somit warten keine wilden Heiden auf die Besucher, und auch der Orientierungslosigkeit ist niemand hilflos ausgesetzt.

Stattdessen sind Basaltblöcke und Ketzerstein ein schönes Ausflugsziel, das – falls ein Kompass mitgeführt wird – zum verblüfften Kopfschütteln anregt.

Adresse 56479 Weißenberg | ÖPNV Bus 972 von Stein-Neukirch | Anfahrt von der B54 nach Bretthausen, durch Löhnfeld, dann nach Weißenberg, im Ort parken und zu Fuß weiter | Tipp In der Löhnfelder Straße in Weißenberg steht mit der Alten Esche ein imposanter Baum mit einem Alter von etwa 250 Jahren.

106 Das Petermännchen

Wenn aus einem Griesgram ein Star wird

Wer an das Mittelalter denkt, hat unweigerlich einen mutigen Ritter hoch zu Ross und in glänzender Rüstung vor Augen. Seine Charaktermerkmale: Edelmut und Bescheidenheit. Doch wer das »Petermännchen« aus Westerburg kennt, der weiß: Das muss nicht so sein! Denn die Westerwälder Sagenfigur geht zurück auf Ritter Peter, der im 13. Jahrhundert das Schloss Westerburg erbaute. Der galt als Fiesling durch und durch, seine Wildheit wurde nur noch durch seine Gier übertrumpft.

Er verzehrte sich nach Gold und ging deshalb einen Pakt mit dem Teufel ein. Solche Verträge enden meist böse für den Unterzeichner. Peter starb, und nach seinem Tod verpufften seine Reichtümer – das hatte der Deal mit dem Teufel auch vorgesehen. Sein frommer Sohn ging also leer aus.

Im Angesicht des Todes keuchte Peter noch »... suche unter dem siebenten Hund«. Dort vermutete der Sohnemann einen Schatz des Petermanns, und siehe da, in einem alten Flügel des Schlosses fand er die erwähnten Hunde in Form von Statuen. Aber leider waren es nur fünf und nicht sieben! Ratlos zog der Junior ab, und bis heute wird vermutet, dass der Schatz irgendwo dort liegen muss. Auch nach dem Tod blieb das »Petermännchen«, wie er irgendwann genannt wurde, Teufel sei Dank, aktiv und spukte durch die Wälder. Im Laufe der Jahrhunderte wurde aus dem Stinkstiefel ein Popstar.

Die Westerburger feiern ihr Petermännchen gar, und vieles trägt seinen Namen. Es gab oder gibt ein Petermännchen-Turnier, ein Petermännchen-Festival und sogar einen Petermännchen-Themenweg. Besonders verdiente Bürger erhielten in den 1960er Jahren sogar ein Keramik-Petermännchen als Zeichen der Anerkennung. Freilich darf auch eine Skulptur nicht fehlen, die den gierigen Ritter in voller Pracht zeigt. Der Künstler Franz Hötterges, der selbst Wahlwesterwälder war, hat die Figur, die auf dem Burgmannenplatz aufgestellt wurde, erschaffen.

Adresse Gemünder Tor 3B, 56457 Westerburg | **ÖPNV** ab Westerburg Bahnhof etwa 15 Minuten zu Fuß | **Anfahrt** von der B255 auf die L288, dann auf die L305, über Langenhahner Straße, Herbert-Dohnalek-Straße, Wörthstraße, Adolfstraße und Albrechtstraße auf Gemünder Tor | **Tipp** Das Burgmannenhaus gleich in der Nähe wird auch als »gute Stube« Westerburgs bezeichnet. Der Grund: Dort darf geheiratet werden. Es handelt sich um ein schickes Fachwerkhaus mit einer über 400-jährigen Geschichte.

107_Das Grabmal des Kochs

Kult trifft Kulinarik

Wenn Carl Clemens Hahn seinen Job machte, mischten sich der Geruch von frisch Gebratenem, der Duft von Dosengemüse und der Hauch der weiten Welt. Hahn war der Vorreiter aller Tim Mälzers und Johann Lafers: Der gelernte Schauspieler war der erste Fernsehkoch des Deutschen Fernsehens.

Geboren ist er in Oberzeuzheim und lebte in Willmenrod. Und da der Ortsname klangvoller war als »Hahn«, führte er fortan diesen Namen, jedoch mit einem »l«. Mit exotischen Gerichten wie dem »Päpstlichen Huhn« und dem »Cowboy-Teller« brachte er den ganzen Globus auf kulinarische Art ab 1953 in die guten Stuben. Raffiniert waren die Rezepte beileibe nicht: Der »Venezianische Weihnachtsschmaus« war ein schnödes Schnitzel in Panade. Wilmenrod verstand es, das konsumfreudige Publikum der Wirtschaftswunderzeit mit teilweise hanebüchenen Geschichten zu bedienen. Die Inspiration zu den Gerichten holte er sich stets vor Ort. Das »Arabische Reiterfleisch« – ein profaner Mix aus Hackfleisch, Ei, Äpfeln und mehr – soll er als erster Westmensch höchstpersönlich im Libanon gekostet haben. Ein unvergessener Dauerbrenner unter seinen Rezepten ist jedoch der Toast Hawaii, der, da leicht zuzubereiten, auch heute noch seine Fans hat.

Sein gesamtes Auftreten war purer Kult und voller Spleens: Seine Standardbegrüßung zu jeder Sendung lautete »Ihr lieben, goldigen Menschen«, bevor er auf seinem »Schnellbrater Heinzelkoch« allerlei Leckeres zauberte. Doch das Leben des Clemens Wilmenrod war auch von Dramen geprägt. Vor seinem Durchbruch als TV-Koch hatte er als Mime ein erfolgloses Leben geführt. Auch sein Tod bedrückte viele: Ohne Hinweis auf einen möglichen Grund nahm er sich 1967 in München das Leben.

Sein Grab gibt es nicht mehr. Aber auf dem Dorffriedhof in Willmenrod widmete man dem kultigen Kulinariker ein warmherziges Denkmal inklusive einer kleinen Hommage in Form einer Karikatur.

Adresse Bergstraße, 56459 Willmenrod | ÖPNV Oberwesterwaldbahn, Haltestelle Willmenrod | Anfahrt von der B8 über die L300, dann auf die Bergstraße | Tipp In sieben Kilometer Entfernung befindet sich der Wiesensee. Dort locken jede Menge Aktivitäten wie Angeln oder Golf.

108 Der Taubenbrunnen

Magisches Wasser und saubere Ohren

Es hört sich einfach an: Abbau und Wiedererrichtung eines kleinen Fachwerkhauses an einem neuen Standort. Dass hohe Handwerkskunst nötig ist, um aus uralten Eichenbalken und Hohlziegeln ein Backhaus zu errichten, erfuhren engagierte Mitglieder des Windhagener Heimat- und Verschönerungsvereins am eigenen Leib. Rund 2.500 Arbeitsstunden und die Unterstützung eines der letzten deutschen Ofenbauer waren erforderlich, damit im Jahre 1991 das Bauwerk mit einem zünftigen Backesfest eingeweiht werden konnte. Seitdem ist es dem Verein möglich, Interessierten die Kunst des Brotbackens in einem historischen Backofen zu vermitteln.

Ein Relikt aus früheren Zeiten ist der Taubenbrunnen, der sich vis-à-vis des Backes befindet. Vögel sucht man dort vergeblich. Diese gaben dem Brunnen auch nicht seinen Namen, wie man zunächst vermuten mag. Es war vielmehr die Sehnsucht von Gehörlosen und Schwerhörigen nach einer Linderung oder gar Heilung, welche die Menschen nach Windhagen führte.

Dem Brunnen wurden magische Kräfte zugeschrieben. Anfang des 17. Jahrhunderts suchten ganze Pilgerkolonnen den »Douwen Born« auf, wie er genannt wurde. Die Hilfesuchenden wuschen sich mit dem Wasser die Ohren; manch einer reinigte sich damit sogar den ganzen Körper. Schädlich war dies im Mittelalter, als die Körperhygiene eine eher untergeordnete Rolle spielte, zweifellos nicht.

Dass Heilsuchende tatsächlich von ihrem Leiden befreit wurden, dafür gibt es keine überprüfbaren Beweise, sondern nur mündlich überlieferte Erzählungen. Der Brunnen war für den Ort und die Region sehr bedeutsam, weshalb er auch im Windhagener Wappen dargestellt ist.

Dass das Windhagener Wasser dennoch magisch sein muss, bewies der Ehrenbürger Josef Rüddel. Viele Jahre lang war er der dienstälteste Bürgermeister Deutschlands und gab sein Amt erst im Alter von 94 Jahren in jüngere Hände.

Adresse Hauptstraße 61, 53578 Windhagen | ÖPNV Bus SB51 ab Bad Honnef | Anfahrt A3, Ausfahrt Bad Honnef/Linz am Rhein, Richtung Windhagen, der Hauptstraße Richtung Pfarrkirche folgen, Parkplatz circa 120 Meter von der Kirche entfernt | Tipp Der Windhagener Wanderweg der Geschichte verbindet seit 2018 besondere Attraktionen und führt von der ersten Station am Backes zur ehemaligen Silbergrube im Ortsteil Birken.

109 Der Silbersee

Schätze wie bei Karl May

Im Westerwald gibt es jede Menge touristische Hotspots. Die haben allesamt zwei Gemeinsamkeiten: Sie sind schön, keine Frage, aber auch gut frequentiert. Wer sich abseits des Trubels eine Auszeit gönnen möchte, dem sei der Silbersee bei Wirges ans Herz gelegt. Und ganz im Sinne Karl Mays, der in seinem literarischen Silbersee einen Schatz versenkte, gibt es auch hier eine reiche Beute. In dem knapp 4,5 Hektar großen Gewässer leben Hechte, Aale, Zander, Schleien, Karpfen und Weißfische. Die Artenvielfalt macht den See zum beliebten Anlaufpunkt für Angler. Die vielen kleinen Stege aus Holz locken zusätzlich. Ideal, um die Angel auszuwerfen oder Beine und Seele baumeln zu lassen. 2007 ging hier einem Hobbyfischer ein echter Sensationsfund ins Netz, und da sind wir wieder bei Winnetou und Old Shatterhand: ein goldfarbener Brocken von 14 Pfund. Das war aber kein Edelmetall, sondern ein profunder Koi-Karpfen, der offensichtlich dort ausgesetzt worden war.

Wer selbst fischen möchte, kann beim lokalen Anglerverein ein Tagesticket erwerben. Die tüchtigen Petrijünger ziehen pro Jahr etwa zehn (normale) Karpfen aus dem See, Zander und Hecht beißen täglich an. Und wer noch entspannter angeln möchte, darf sich am vereinseigenen Forellenteich probieren. Die Fische sollen ein echtes Gedicht sein, wissen Einheimische.

Auch in Sachen Fauna bietet der Silbersee eine große Vielfalt. Dutzende Arten von Pflanzen gedeihen am Ufer und sind Gegenstand verschiedener Exkursionen, die von örtlichen Pflanzenkundigen angeboten werden. Und dann ist da natürlich noch die Ruhe, die höchstens vom Zwitschern der Vögel unterbrochen wird. Denn der Silbersee ist ganz malerisch in ein Waldstück eingebettet. Gespeist wird das Gewässer übrigens von einem Bach mit possierlichem Namen: Der Krümmelbach trägt frisches Wasser heran, und sein kleiner Bruder, der Kleine Krümmelbach, tut es ihm gleich.

Adresse 56422 Wirges | **ÖPNV** Bus 462 von Montabaur | **Anfahrt** Silbersee parallel zur Wirgeser Siemensstraße | **Tipp** In der Siemensstraße liegt das Werk der Veralia AG mitsamt Kantine. Auch Nicht-Werksangehörige können von der preiswerten Hausmannskost probieren.

110 Schnapper und Doppler

Von glühendem Blech und hölzernen Schuhen

Dort oben, in der Mitte des Kreisverkehrs, stehen sie: der Schnapper und der Doppler. Von Abgasen umweht, verbringen die beiden rostigen Kerle dort ihr Dasein. Mag das Duo auch unscheinbar sein, so ist es doch eine Hommage an die einst vitale Industriekultur der Stadt Wissen. 1911 wurde hier ein Stahlwalzwerk gegründet, das sich in der Folgezeit prächtig entwickelte.

Rund 3.000 Arbeiter verrichteten täglich ihren mühevollen Dienst in Europas modernstem Weißblechwerk, in dessen Hallen das Klima wohl noch ungesunder war als heute in der Kreiselmitte. »Schnapper« und »Doppler« stehen für zwei wichtige Aufgaben der Stahlarbeiter. Glühendes Blech wurde per Zange aus der Walze »geschnappt«, um anschließend »gedoppelt« zu werden. Mit stabilen Holzschuhen wurde das heiße Metall fixiert, um es anschließend zu falten, zu doppeln eben. Kurzum: Es war ein Knochenjob. Das Walzwerk war in der Vergangenheit der wichtigste Arbeitgeber in der gesamten Region, und so wurde den ganzen Tag »gedoppelt« und »geschnappt«, was das Zeug hielt. Schließlich mussten die Familien ernährt werden.

Das Denkmal der arbeitenden Männer soll an diese Zeit erinnern, auf die die Wissener mit einigem Stolz zurückblicken. Die ist beileibe schon etwas her. Am 31. August 1961 ging die letzte Schicht ans Werk, keine vier Jahre später, am 30. Juni 1965, war endgültig Schluss für das Walzwerk. Um diese Zeiten nicht in Vergessenheit geraten zu lassen, wurde Arnold Morkramer engagiert. Der Metallkünstler bog und schweißte die Männer aus – natürlich – Blech zusammen. Als die beiden ihre neue Heimat in der Nähe des alten Walzwerkes fanden, glänzten sie noch im Sonnenlicht. Aber schnell befiel sie der Rost, ein gewollter Effekt. Denn der unterstreicht perfekt die aufopfernde Arbeit, die die 3.000 Männer leisteten, um für die Lieben zu Hause den Lebensunterhalt zu finanzieren.

Adresse L278/Bogenstraße, 57537 Wissen | ÖPNV RB90 von Au nach Wissen | Anfahrt von der B62 auf die Marktstraße | Tipp In Wissen gibt es viel zu erleben, gerade auch für jüngere Besucher. Im Mehrgenerationenpark Steinbuschanlage warten tolle Spielmöglichkeiten.

111 Die Steinsetzung

Das horizontale Westerwald-Stonehenge

Es ist ein durchaus mystisches und beeindruckendes Schauspiel, das sich jährlich am 7. April im Wald nahe dem Westerwalddorf Wölferlingen abspielt: Um Punkt 6.45 Uhr schiebt sich die Sonne als glühender Feuerball den Himmel empor. Und zwar genau dort, wo ein Pfeil aus aneinandergereihten Basaltbrocken den Sonnenaufgang anzeigt. Stand die Sonne am richtigen Punkt, an der verlängerten Sichtachse dieses zeitlichen Wegweisers, bedeutete dies für unsere Vorfahren aus der Jungsteinzeit wohl eines: jede Menge Arbeit. Es war dringend Zeit für die Aussaat, die Sommerzeit hatte begonnen.

Dass die Feldfrüchte gediehen, war dieser Astronomisch-Kalendarischen Steinsetzung zu verdanken, einem hilfreichen »Lifehack« für die just sesshaft gewordene Menschheit. Auch die passende Zeit zum Einholen der Garben wurde markiert. Das imposante Ereignis fand zweimal pro Jahr statt, so auch am 4. September, dem Tag der Ernte.

Völlig gesichert sind weder Alter noch Zweck, und viele Mutmaßungen ranken sich um das heutige Bodendenkmal, das auf den unbedarften Betrachter eher wie ein willkürlicher Wurf ungeordneter Findlinge wirkt. Immerhin vermuten manche Archäologen, dass die zehn Meter lange und fast zweieinhalb Meter breite Anordnung stolze 5.000 Jahre alt sein könnte. Ein wenig Licht ins Dunkel brachten emsige Heimatforscher wie Wilfried Göbler, der mit seinen Mitstreitern von der Gesellschaft für Heimatkunde im Westerwald-Verein das Monument der Öffentlichkeit zugänglich machte. Das geschah im Jahr 2012, und seither ist man bemüht, das Geheimnis zu entschlüsseln. Dabei lohnt der Blick nach England: Auch die »hängenden Steine« nahe Amesbury, als Stonehenge bekannt, sollen eine ähnliche Funktion als Kalender gehabt haben. Dass die Gemarkung um die Wölferlinger Steinsetzung mit »Stockheck« einen verblüffend ähnlichen Namen trägt, ist natürlich rein zufälliger Natur.

Adresse 56244 Wölferlingen | ÖPNV mehrmals täglich Busverbindungen von Selters nach Wölferlingen | Anfahrt von Selters über die L304, zunächst auf die Hauptstraße, dann in die Heidestraße, im Ortskern parken und zu Fuß weiter | Tipp Ganz in der Nähe verläuft mit dem Westerwaldsteig ein sehenswerter Premiumwanderweg.

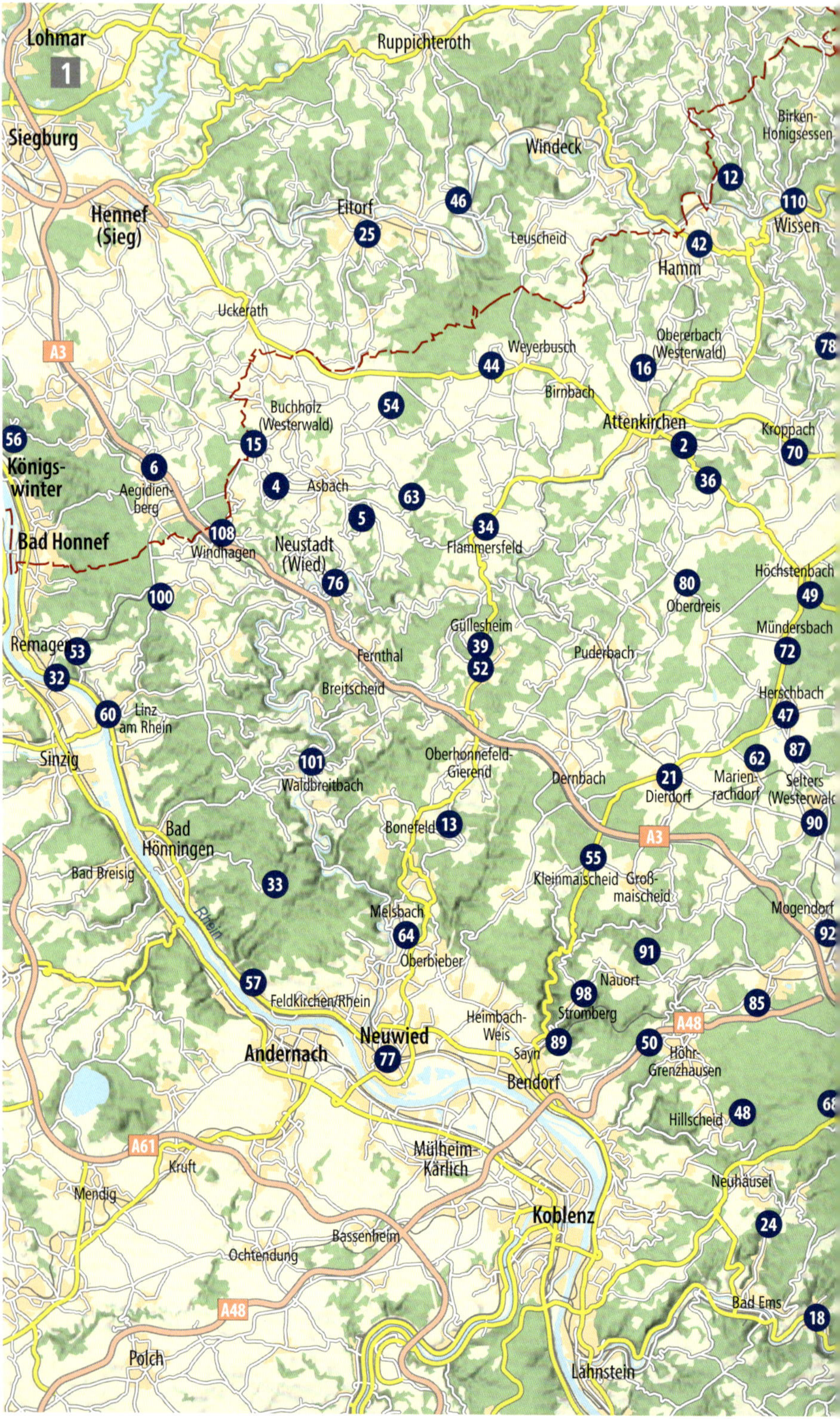

1
Lohmar
Ruppichteroth
Siegburg
Windeck
Birken-
Honigsessen
12
46
110
Hennef
(Sieg)
Eitorf
25
Wissen
Leuscheid
42
Hamm
Uckerath
A3
Weyerbusch
Oberbach
(Westerwald)
78
44
16
Birnbach
54
Buchholz
(Westerwald)
Attenkirchen
Kroppach
56
15
2
70
Königs-
winter
6
Aegidien-
berg
4
Asbach
36
63
5
108
34
Bad Honnef
Windhagen
Neustadt
(Wied)
Flammersfeld
76
Höchstenbach
80
100
Oberdreis
49
Gülesheim
Mündersbach
Remagen
53
39
32
Fernthal
52
Puderbach
72
Breitscheid
Herschbach
60
Linz
am Rhein
47
Sinzig
Oberhonnefeld-
Gierend
87
101
62
Waldbreitbach
Dernbach
21
Marien-
rachdorf
Selters
(Westerwald)
Dierdorf
Bonefeld
13
90
Bad
Hönningen
A3
55
Bad Breisig
Kleinmaischeid
Groß-
maischeid
33
Mogendorf
Rhein
Melsbach
92
64
91
Oberbieber
Nauort
57
98
Stromberg
85
Feldkirchen/Rhein
Heimbach-
Weis
A48
Neuwied
89
50
Andernach
Sayn
Höhr-
Grenzhausen
77
Bendorf
68
Hillscheid
48
A61
Mülheim-
Kärlich
Kruft
Neuhäusel
Mendig
Koblenz
24
Bassenheim
Ochtendung
Bad Ems
A48
18
Polch
Lahnstein

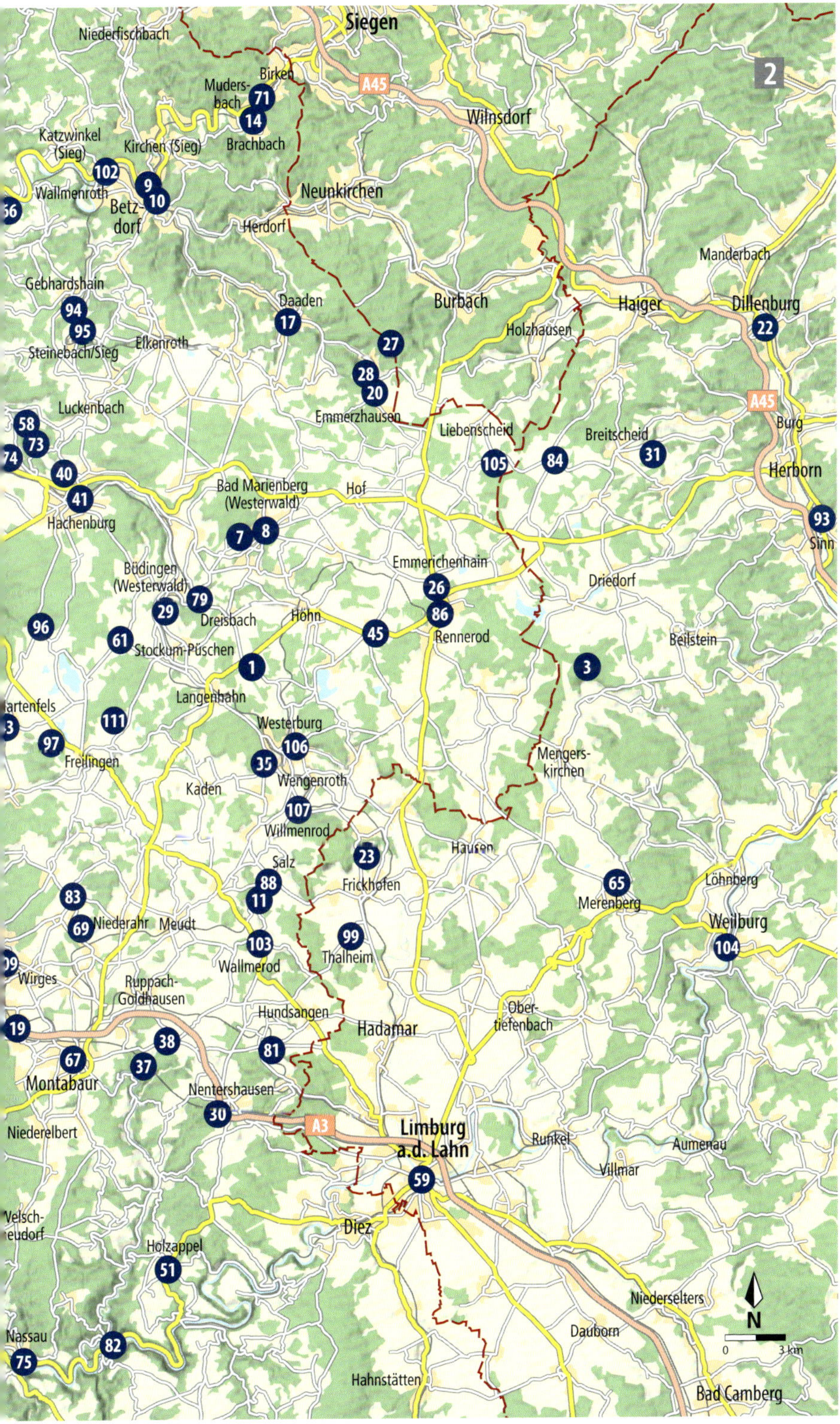
2
Siegen
Niederfischbach
Birken
Muders-
bach
A45
Wilnsdorf
Katzwinkel
(Sieg)
Kirchen (Sieg)
Brachbach
Wallmenroth
Betz-
dorf
Neunkirchen
Herdorf
Manderbach
Gebhardshain
Daaden
Burbach
Haiger
Dillenburg
Holzhausen
Steinebach/Sieg
Elkenroth
Emmerzhausen
Luckenbach
Liebenscheid
Breitscheid
Burg
Herborn
Bad Marienberg
(Westerwald)
Hof
Hachenburg
Sinn
Emmerichenhain
Driedorf
Büdingen
(Westerwald)
Dreisbach
Höhn
Rennerod
Beilstein
Stockum-Püschen
Langenhahn
Westerburg
Mengers-
kirchen
Freilingen
Kaden
Wengenroth
Willmenrod
Hausen
Salz
Frickhofen
Löhnberg
Merenberg
Weilburg
Niederahr
Meudt
Thalheim
Wallmerod
Wirges
Ruppach-
Goldhausen
Hundsangen
Hadamar
Ober-
tiefenbach
Montabaur
Nentershausen
Niederelbert
A3
Limburg
a.d. Lahn
Runkel
Aumenau
Villmar
Diez
Holzappel
Niederselters
Nassau
Dauborn
Hahnstätten
Bad Camberg
N
0
3 km

Jörn Heller
111 Orte in Siegen-Wittgenstein, die man gesehen haben muss
ISBN 978-3-7408-0976-8

Holger Grumt Suárez, Roland Grumt Suárez
111 Orte in und um Gießen, die man gesehen haben muss
ISBN 978-3-7408-0971-3

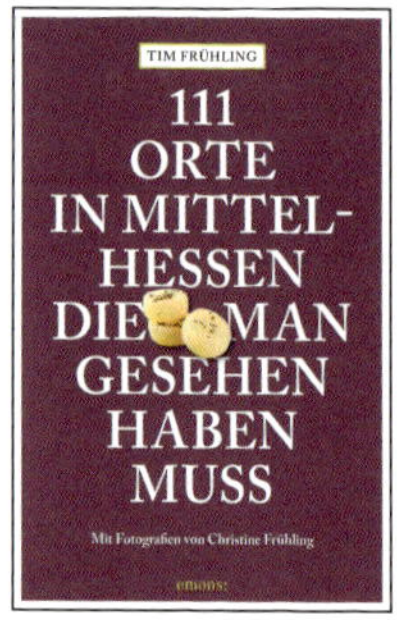

Tim Frühling
111 Orte in Mittelhessen, die man gesehen haben muss
ISBN 978-3-7408-1232-4

Barbara Kemmer, Frank Schmitt
111 Orte in Koblenz, die man gesehen haben muss
ISBN 978-3-7408-0439-8

Eva Wodarz-Eichner
111 Orte in Wiesbaden, die man gesehen haben muss
ISBN 978-3-95451-670-4

Stefanie Jung
111 Orte in Mainz, die man gesehen haben muss
ISBN 978-3-95451-041-2

Tim Frühling
111 Orte an Main und Kinzig, die man gesehen haben muss
ISBN 978-3-7408-1345-1

Laszlo Trankovits
111 Orte rund um den Äppelwoi, die man gesehen haben muss
ISBN 978-3-7408-0861-7

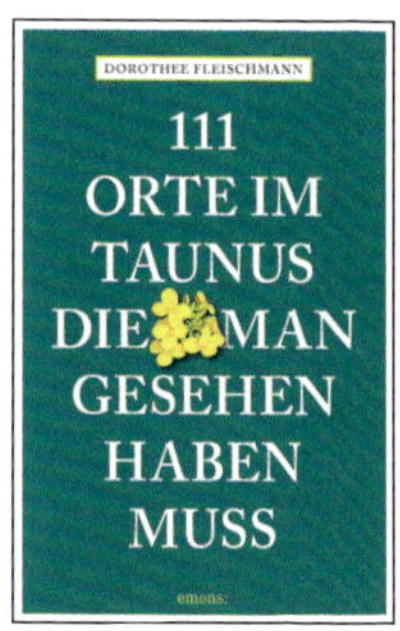

Dorothee Fleischmann
111 Orte im Taunus, die man gesehen haben muss
ISBN 978-3-7408-1420-5

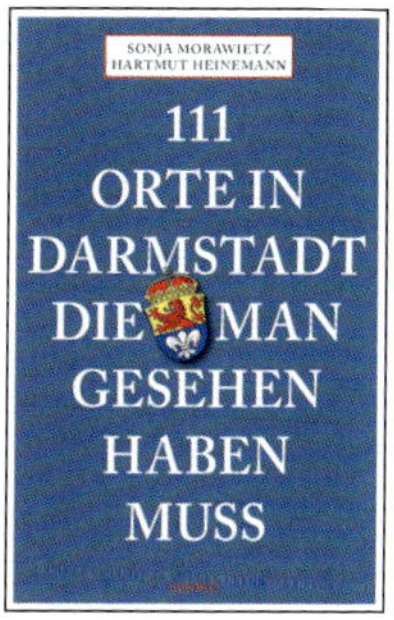

Sonja Morawietz,
Hartmut Heinemann
111 Orte in Darmstadt, die man gesehen haben muss
ISBN 978-3-95451-920-0

Daniel Robbel, Dirk Unschuld
111 Orte im Ahrtal, die man gesehen haben muss
ISBN 978-3-7408-1370-3

Bernd Imgrund
111 Orte in der Eifel, die man gesehen haben muss
ISBN 978-3-7408-1231-7

Bernd Imgrund
111 Orte in der Eifel, die man gesehen haben muss, Band 2
ISBN 978-3-7408-0552-4

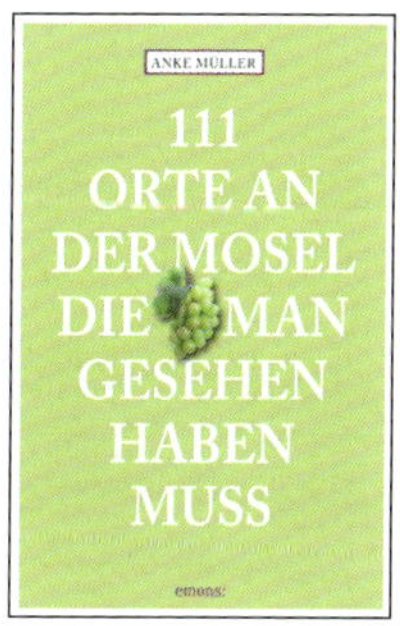

Anke Müller
111 Orte an der Mosel, die man gesehen haben muss
ISBN 978-3-95451-325-3

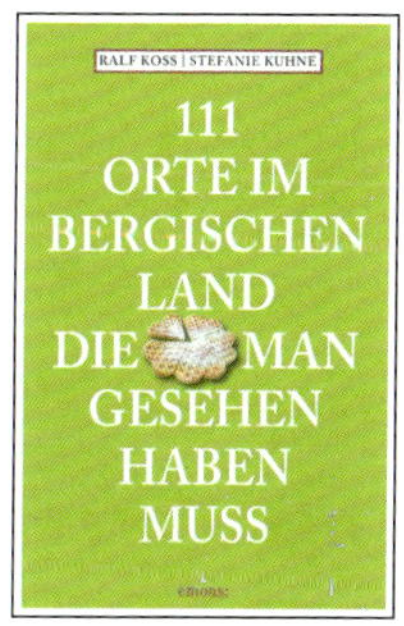

Ralf Koss, Stefanie Kuhne
111 Orte im Bergischen Land, die man gesehen haben muss
ISBN 978-3-7408-1183-9

Ursula Gilbert, Michael Klein
111 Orte im Siebengebirge, die man gesehen haben muss
ISBN 978-3-7408-1369-7

Regina Urbach
111 Orte in und um Worms, die man gesehen haben muss
ISBN 978-3-7408-1172-3

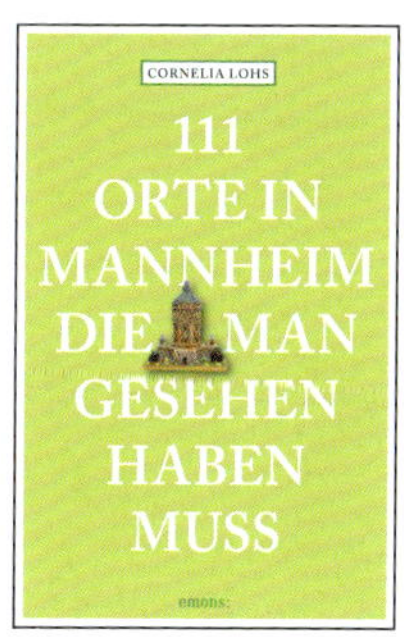

Cornelia Lohs
111 Orte in Mannheim, die man gesehen haben muss
ISBN 978-3-7408-0554-8

HP Mayer
111 Orte in Heidelberg, die man gesehen haben muss
ISBN 978-3-7408-0246-2

Christina Kuhn, Christian Löhden
111 Orte in der Pfalz, die man gesehen haben muss
ISBN 978-3-7408-1192-1

Peter Bieg
111 Orte in Trier, die man gesehen haben muss
ISBN 978-3-7408-1294-2

Dietmar Hoos
111 Orte in Kassel, die man gesehen haben muss
ISBN 978-3-7408-1188-4

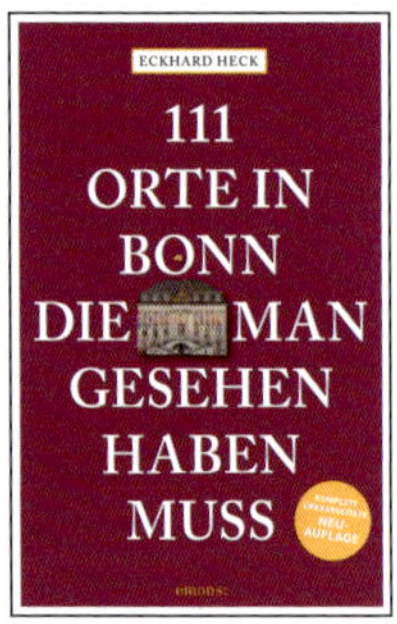

Eckhard Heck
111 Orte in Bonn, die man gesehen haben muss
ISBN 978-3-7408-1418-2

Bernd Imgrund
111 Kölner Orte, die man gesehen haben muss
ISBN 978-3-7408-0801-3

Bernd Imgrund
111 Kölner Orte, die man gesehen haben muss, Band 2
ISBN 978-3-7408-0882-2

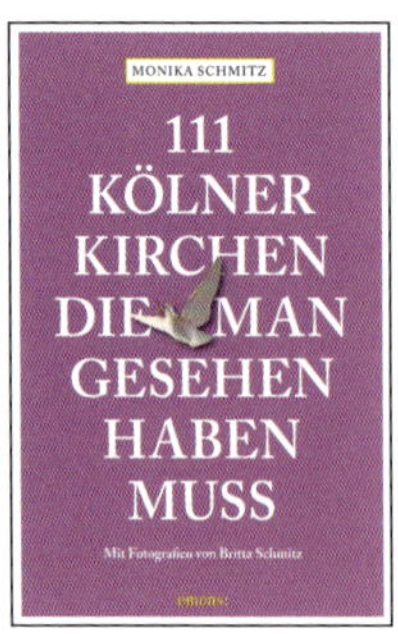

Monika Schmitz
111 Kölner Kirchen, die man gesehen haben muss
ISBN 978-3-7408-0991-1

Klaus Hardering, Petra Sophia Zimmermann
111 Orte im und am Kölner Dom, die man gesehen haben muss
ISBN 978-3-7408-1296-6

Bernd Imgrund
111 Orte im Kölner Umland, die man gesehen haben muss
ISBN 978-3-89705-777-7

Carsten Henn, Torsten Goffin
111 Mal lecker essen in Köln
ISBN 978-3-7408-1181-5

Rüdiger Liedtke
111 Kölner Meisterwerke, die man gesehen haben muss
ISBN 978-3-95451-838-8

Bernd Imgrund
111 Kölner Kneipen, die man kennen muss
ISBN 978-3-89705-838-5

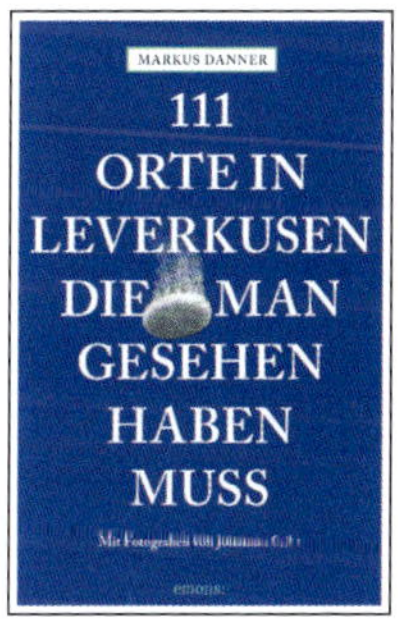

Markus Danner
111 Orte in Leverkusen, die man gesehen haben muss
ISBN 978-3-95451-849-4

Fabian Pasalk
111 Orte in Wuppertal, die man gesehen haben muss
ISBN 978-3-7408-0247-9

Fabian Pasalk
111 Orte in Essen, die man gesehen haben muss
ISBN 978-3-95451-924-8

Ralf Koss
111 Orte in Dortmund, die man gesehen haben muss
ISBN 978-3-7408-0649-1

Fabian Pasalk
111 Orte im Ruhrgebiet, die man gesehen haben muss
ISBN 978-3-7408-1310-9

Garnet Manecke, Vera Anders
111 Orte in Mönchengladbach, die man gesehen haben muss
ISBN 978-3-7408-0606-4

Peter Eickhoff
111 Orte in Düsseldorf, die man gesehen haben muss
ISBN 978-3-7408-0986-7

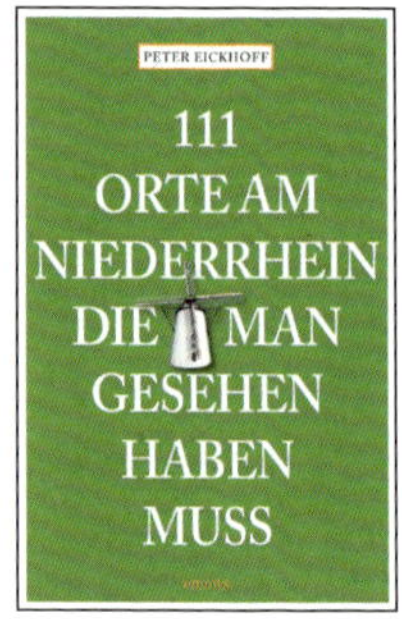

Peter Eickhoff
111 Orte am Niederrhein, die man gesehen haben muss
ISBN 978-3-89705-815-6

Martin Nusch
111 Mal mit WDR 2 raus in den Westen
ISBN 978-3-7408-1191-4

Martin Nusch
111 Mal mit WDR 2 raus in den Westen, Band 2
ISBN 978-3-7408-1465-6

Stephanie Katerle
111 Orte in Paderborn, die man gesehen haben muss
ISBN 978-3-7408-0645-3

Alexandra Schlennstedt, Jobst Schlennstedt
111 Orte in Bielefeld, die man gesehen haben muss
ISBN 978-3-7408-0744-3

Alexander Barth
111 Orte in Aachen und der Euregio, die man gesehen haben muss
ISBN 978-3-89705-931-3

Alexander Barth
111 Orte im Dreiländereck, die man gesehen haben muss
ISBN 978-3-95451-316-1

Mit besonderem Dank an:
Rainer Lemmer, Manfred Schmitt, Andre Hauptmann, Michael Mahlert, Dominik Stuntz, Peter Siebenmorgen, Reiner Meutsch, Achim Hallerbach, Wilfried Borens, Guido Stoffels, Hans-Werner Heepenstrick, Eckhard Schneider, Christoph Hoopmann, Helmut Muthers, Michael Christ, Klaus Strüder, Silke Holzenthal, Martin Buchholz, Josef Görg-Reifenberg, Jacek Swiderski, Christoph Kopper, Jan Einig, Christa Victor, Klaus Victor, Jonny Winter, Roman Runkel, Bernd Meuer, Peter Runkel, Christian Benner, Monika Runkel, Luis de Sousa, Tanja Nußbaum, Wilfried Göbler, Jürgen Opgenoorth, Martin Fandler, Dominik Pörtner, Gerd Junker, Lucia Preilowski, Josef Zolk, Jurate Minde, Achim Panthel, Bernd Willscheid, Wilhelm Krings, Christian Funk, Manfred Berger, Egon Müller, Heinz Stock, Julian Dörner, Frank Wirdeier, Gerd Bäumer, Andrea Montermann, Peter Preus, Gertrud Berg, Christoph Menges, Florian Fark sowie das gesamte Team der Hachenburger Brauerei.

Daniel Robbel ist Journalist und Autor. Nach dem Studium schrieb er zunächst für den »General-Anzeiger Bonn«. Heute ist er stellvertretender Chefredakteur bei »BLICK aktuell« und hat verschiedene Sachbücher verfasst.

Horst Hohn behauptet: Der Westerwald hat mehr zu bieten als »Windig mit Schnee« und »Windig ohne Schnee«. Um seine Mitmenschen hiervon zu überzeugen, greift er gern zum Fotoapparat und zur spitzen Feder.